知识生产的原创基地
BASE FOR ORIGINAL CREATIVE CONTENT

FBI谈判术

[德] 托尔斯滕·霍夫曼 —— 著
(Thorsten Hofmann)

张畅 戚善祺 —— 译

华龄出版社
HUALING PRESS

Original title: DAS FBI-PRINZIP
by Thorsten Hofmann
© 2018 by Ariston Verlag,
a division of Penguin Random House Verlagsgruppe GmbH, München, Germany.
Copyright licensed by Penguin Random House Verlagsgruppe GmbH, arranged with Andrew Nurnberg Associates International Limited
Simplified Chinese edition copyright © 2023 by Beijing Jie Teng Culture Media Co., Ltd.
ALL RIGHTS RESERVED

北京市版权局著作权合同登记号　图字：01-2023-2049 号

图书在版编目（CIP）数据

FBI 谈判术 /（德）托尔斯滕·霍夫曼（Thorsten Hofmann) 著；张畅，戚善祺译 . -- 北京：华龄出版社, 2023.6

ISBN 978-7-5169-2547-8

Ⅰ . ① F… Ⅱ . ①托… ②张… ③戚… Ⅲ . ①谈判学—通俗读物 Ⅳ . ① C912.3-49

中国国家版本馆 CIP 数据核字 (2023) 第 105783 号

策划编辑	颉腾文化		
责任编辑	王　慧	责任印制	李未圻
书　　名	FBI 谈判术	作　　者	[德] 托尔斯滕·霍夫曼（Thorsten Hofmann）
出　　版发　　行	华龄出版社 HUALING PRESS	译　　者	张　畅　戚善祺
社　　址	北京市东城区安定门外大街甲 57 号	邮　　编	100011
发　　行	（010）58122255	传　　真	（010）84049572
承　　印	石家庄艺博阅印刷有限公司		
版　　次	2023 年 8 月第 1 版	印　　次	2023 年 8 月第 1 次印刷
规　　格	880mm×1230mm	开　　本	32 开
印　　张	7.375	字　　数	146 千字
书　　号	ISBN 978-7-5169-2547-8		
定　　价	59.00 元		

版权所有　翻印必究

本书如有破损、缺页、装订错误，请与本社联系调换

谨以此书献给我的父亲：是他教会我如何应对冲突

导言
关于本书

谈判可以救人于水火、解决矛盾、化解冲突、化敌为友,并且使每个人的生活更加成功。生活本身就是一种谈判。不论年纪、教育背景、种族出身,我们每个人每天都在进行谈判。欧洲人平均每天要谈判大概5~10次。这些谈判可能发生在工作中、在商铺内,甚至是在家里,我们可能和家人、朋友、顾客或是同事进行谈判。尽管如此,谈判教学在德国却几乎没有存在感:只有偶尔在一些学位课程,如工商管理或MBA课程中,才会出现。这简直不可理解,因为每个人在日常工作中都要进行谈判。然而,大家都几乎没有接受过专业培训,更不用说掌握谈判技能了。

普遍来讲,任何人都可以进行谈判。就像踢足球一样,任何人都能把球踢出去。但是,冠军联赛中的职业球员和足球业余爱好者之间有着很大区别。二者的相同之处仅仅在于,他们都有着对足球的热情和对自己能力的信心。但是,前者早早就开始研究技术、战术和策略,并不断精进和学习,去研究和解读足球赛事,密切关注行业的新进展,研究比赛的对手并利用一切信息为自己服务,而后者则经常"凭直觉"行事,对足球体系不甚了解,很少对自己的错误进行反思,导致他们错过许多机会。而对于很多人来说,由于其谈判潜能从未被调用过,所以很大一部分正在丧失。他们还常常会惊叹:别人总是能在谈判中达成目的,始终占据上风，并最终以赢家的身份离席。

在德国，越来越多的人意识到自己在谈判中存在不足，并有意愿做出改变。波茨坦大学的一项研究发现，92%的受访者认为谈判知识很重要，其中有85%的受访者希望接受适当的培训。然而，尽管大家知道我们非常需要接受有针对性的专业谈判培训，但几乎没有人提供这项服务。而且谈判方法的专业与否会在很大程度上影响谈判能否取得成功——无论是向老板提加薪，买车或买房，谈成一桩重要的买卖，还是与青春期的孩子打交道。在生活的每个领域中，人们都得进行谈判。

近25年来，我一直从事业务危机管理、危机谈判和危机沟通工作——先是在德国联邦刑事警察局（Bundeskriminalamt，BKA）和国际刑警组织国家中心局（National Central Bureau，NCB）工作，后来我自己成立了专门从事战略危机沟通的公司，并担任总经理。我亲身经历并处理过各个行业的各种案件，比如游客、经理、船员或海外援助人员的绑架案，用放射性物质污染食物的勒索案。我审讯过有组织犯罪的重刑犯、解决过企业和民间组织之间的冲突、处理过工会谈判和众多政治谈判，也参与解决过用偷窃或伪造的数据进行的线上勒索。我反复测试了众多谈判技巧和战术的有效性，不断地充实自己，与时俱进。对这个领域研究得越多，它就越让我着迷，谈判已经成为我生活的一部分。

谈判既是一种能力，也是一门艺术。心理学知识是谈判的基础，任何人都可以学习它。在过去40年里，最开始人们一直凭借自己的直觉进行谈判的尝试，到现在谈判已然成为一门应用科学。心理学家、经济学家、生物学家和数学家们一直在探究这些机制，开发各种谈判战术、策略和技巧，并对此加以试验。然而，这些知识却依然和以前一样鲜为人知。

日常生活中的谈判想要得到的结果通常与专业性的、战略性的、以心理学为基础的谈判想要得到的结果并不同。与之相反，在美国联邦调查局（Federal Bureau of Investigation，FBI）、BKA或美国中央情报局（Central Intelligence Agency，CIA）这样的组织中，与重案犯、勒索者和劫持者的谈判则是生死攸关的事情，为此相关人员要接受大量谈判方面的培训。在我担任德国联邦刑事警察局组织犯罪处的行动调查员期间，这些久经考验的手段是标准审讯和谈判的一部分。此外，我还负责处理过一些比较轰动的国内外勒索和人质劫持案件，这些案件发生在也门、哥伦比亚、印度尼西亚，甚至发生在德国。这些案件中不仅涉及人质劫持，还有价值连城的画作勒索、火车袭击，或者涉及已实施或计划实施的刑事犯罪以及恐怖袭击等。

在此期间和此后的一段时间内，我在国内外接受了关于谈判的各种培训，包括在警察和军事机构以及政治和学术机构的培训。本书就是以我学习并掌握的谈判体系和架构为基础创作而成的，该体系就是F.I.R.E.——成功的业务谈判系统。

我想要将我多年来在与劫持者、勒索者、恐怖分子和有组织的犯罪集团的谈判和审讯中成功运用的谈判知识转化为一套成体系的方法，凭借这套方法，个人和商业领域的谈判也能取得成功。当然，并不是每一次专业或个人谈判都涉及敲诈、威胁或非理性的行为。但是，无论在哪类谈判中，我的这套谈判方法都有助于保持话语权以及对谈判的控制权，优化自己的谈判结果。该谈判体系不仅能够在特殊情况下发挥作用，也能够在职场谈判和个人谈判中发挥作用，在这些谈判中，谈判伙伴也要客观和理性地进行谈判。下文即将介绍的谈判方法能使每个人控制和引导谈判，包括谈判过程、内容、时间、关系以及结果，从而引导谈判向有利于自己的方向发展。这就需要谈判者脑中对这套方法的整体架构有清晰的认识，并且能灵活运用其中包含的各种谈判技巧。

这一套谈判体系起源于特工部门处理一系列银行抢劫案和戏剧性案件时所使用的谈判策略，最初于20世纪70年代在美国发展起来，随后传到了德国。人们真正开始重视谈判始于1972年的慕尼黑奥运会，当时，一个巴勒斯坦恐怖组织的成员将11名以色列奥运参赛者挟持为人质。事发当天就有12人丧生，史称"慕尼黑大屠杀"，当然，这也是因为德国警察当局试图谈判，结果却一败涂地。在此之前一年，美国发生的一场悲剧也令人们认识到了谈判的重要性：一架被劫持的飞机降落在杰克逊维尔，劫持者要求提供燃油。但联邦调查局不想与其谈判，且为阻止其继续飞行，向飞机的轮胎开火。接下来发生的事情永远地写在了联邦调查局的历史中：劫持者在枪林弹雨中绝望了，先是杀死了人质，然后自杀。在1971年杰克逊维尔和在1972年慕尼黑发生的两起人质劫持事件中，警察的两次行动全都带来了致命的灾难。这两起事故使得人们第一次认为有必要对谈判展开系统的研究。

1979年，哈佛谈判项目组在美国成立，这是一个划时代的突破。"哈佛理念"为衡量谈判中的一切提供了准则。其基本思想是：理性的辩论迟早会使你的谈判对手屈服。正是这个时候，所谓的理性主义者开始进入学术界。情报部门也对理性主义者敞开大门，因为他们倡导的方法看起来很有逻辑性，也很精确。但很快，联邦调查局、中央情报局、联邦刑事警察局等机构便意识到，人质劫持不等同于下棋，罪犯的下一步行动并不总是理智的。或许我们人类也并不如理论所认为的那样理性。

科学界的许多人也开始困惑，人们开始寻找替代方案。来自加利福尼亚州的斯坦福大学和伯克利大学的心理学家也是后来的诺贝尔奖获得者阿莫斯·特沃斯基（Amos Tversky）和丹尼尔·卡尼曼（Daniel Kahneman），发现了一种与"理性行为者"相反的思维模式，他们关注的是"感性行为者"，二人着手研究行为经济学和风险决策，对不确定或未知事实的判断是如何形成的（判断启发法），以及认知失真也进行了研究。认知失真是在感知、记忆、思考和判断方面的系统性错误倾向，这些倾向大多是无意识产生的，并可能受到外界的影响。研究开创了新的局面，比如专家们意识到对客观上相同问题的不同描述也可以对信息接收者的行为产生不同的影响，专业术语中这叫作"效应"（Framing），最终情感将成为行为和思维方式的驱动力，理性行为者逐渐变成了感性行为者。

联邦调查局1994年成立的突发事件应对小组，自成立便开始试验新的疗法：重视人们心理上希望得到接纳的需求。问题的核心不再是通过逻辑论证说服对方，而是与他们建立良好的关系。新策略以共情代替数学，以感性代替理性解决问题，并且取得了不错的成效。

联邦调查局和中央情报局以这些前提为基础所开发的谈判机制，后来以"F.I.R.E.-业务谈判系统®"闻名于世，在这几十年间证明了它的功效，现在几乎所有警察和情报部门都以它作为谈判培训的标准。它也构成了我所开发的谈判系统的基础。

在F.I.R.E.-业务谈判系统®中，F.I.R.E.分别代表察言观色（Facial）、心机（Instrumental）、建立联系（Relational）和管理情绪（Emotional-Issues）。

察言观色是指精确观察对方身体语言中的情绪变化。其基础是面部动作编码系统（Facial Acts Coding System，FACS），这是一种解读面部表情的方法，被全球心理学家广泛使用。因此FACS也是一种识别面部表情和情绪的技术。

心机是指在谈判中用来维护自己利益的各种策略和手段。部署战略方法是第一步，并由此借助不同的行为和言语策略来进行"人为调控"，从而"扣动谈判的扳机"。

建立联系是指在谈判前、谈判中和谈判后与对方建立关系并加以运用，也就是所谓的战术性共情。这也包括对谈判概况的准确判断，以便能够准确评估对手，并与其"过招"。

管理情绪意味着处理自己和谈判对方的情绪。谈判能否取得胜利取决于自己大脑中的储备。因此，面对即将发生的谈判要对自己进行适当的内在调节，并重视心理力量的发挥。重点是注重那些能够产生压力以及减少压力的因素。此外，还要考虑怎样处理非理性行为并具有操纵性的行动。

整个谈判系统的核心是F.I.R.E.——头脑中要有"控制"的概念，这是一种可以分为不同阶段的模型，可以用图解来显示谈判过程的结构。它使谈判者准确地知道他在谈判中所处的位置，以及如何才能掌控谈判，这有助于谈判者对谈判进行"解读"。这是一种完全独立的机制，以便在非理性、困难和情绪化的谈判中实现自己的目标。谈判的特色更多的是由对手行为在程序上微妙和间接的变化来决定的。在谈判中要前后连贯、有目的地引导对手，以共情的态度对待对手。

要想谈判取得成功，就得做好充分的准备，部署战略计划，并在战术上加以实施。心理知识的应用往往决定了谈判的成功或失败。只要对该机制稍加研究，人们就会意识到，为什么不能派最好的雄辩家参加谈判。相反，谈判需要有深入倾听和观察的能力和条理性。只要做好了这一点，就为谈判桌上的"心理战"做好了准备。

我诚然希望，你在未来谈判的成功率大大提升。然而，这也意味着要充分运用你在这本书中读到的东西，因为谈判的成功总是与行为的改变密不可分。

目录

第一章　谈判的基本原则　001

潜入谈判的浅滩 —— 003
规避谈判或争论 —— 006
不谈判而实现自己的利益 —— 006
谈判的实施 —— 007
倾听、谛听或泛听 —— 008
相关能力简介 —— 009

第二章　万事俱备方能运筹帷幄　015

成功往往在谈判之前就已开始了 —— 018
充分的准备有助于树立谈判的自信 —— 019
辩论意味着谈判的死局 —— 020
准备工作的六个重要方面 —— 025
心理因素——谈判就是心理学 —— 055
脑中的舵手 —— 060

第三章 — 063
F.I.R.E. 控制理念：一步一步走向成功

- 第一阶段：建立联系 —— 069
- 第二阶段：理解分析 —— 087
- 第三阶段：动机分析 —— 106
- 第四阶段：掌控谈判 —— 123
- 第五阶段：达成协议 —— 142
- 第六阶段：绝处逢生 —— 147

第四章 — 158
FACS 准则：面部表情说明一切

- 通过观察和倾听获得成功 —— 162
- 面部表情所泄露的信息 —— 168
- 面部表情是情绪的舞台 —— 171
- 两种情感放大器 —— 172
- 针对奥赛罗效应的 OODA 策略 —— 176
- 不清楚基线在哪，就会盲目：为何闲聊如此重要？ —— 178
- 情绪背后隐藏了什么？ —— 179

第五章 — 195
谈判侧写

后记 — 221
固守己见还是灵活应对？你说了算！

第一章
谈判的基本原则

01

所有战争均以谈判结束,为什么不从现在开始谈判呢?

——贾瓦哈拉尔·尼赫鲁(Jawaharlal Nehru,1889—1964),印度开国总理

作为本书的读者,也许你并不希望有一天会真的与跳桥轻生的人或暴力劫持人质的歹徒进行谈判,但是每个人的个人事务几乎每天都面临着需要用谈判来解决的处境,这其中就包括向潜在的客户进行推销、与卖家协商合同条款(如购置房产)、制定工作上的决策并希望该决策得以贯彻、希望同事接受你给出的指示、敲定财政和经费预算等,有时甚至连与伴侣或家人的周末度假计划也会带来分歧与冲突,进而需要依靠协商解决,可见人们每天都会遇到不得不谈判的情况。但大多数时候,人们都意识不到这一点:有多少次日历上写着"商谈""会议""午餐",但其实背后隐藏着一场谈判;又有多少次,商业合作伙伴、朋友、老板、客户打电话来,有时甚至都没意识到竟然意外地陷入一场谈判中了!

怎样才能意识到自己正处于一场谈判中?这有什么标志?首先,意识到"自己正在谈判"这一点可以防止自己被动地陷入谈

判中。前 FBI 首席国际绑架谈判专家克里斯·沃斯（Chris Voss）曾说："最危险的谈判，往往是那些人们没有意识到但却深陷其中的谈判。"

谈判本身很容易识别：谈判的前提是双方就同一问题有着不同利害关系，并且必须一直清楚的一点是：谈判双方是彼此独立但实力相当的。双方的目标基本相同：达成协议，谋求一致。最重要的是，谈判者必须始终意识到，尽管二者均希望达成共识，但利益冲突不可避免。

那什么是冲突呢？这一概念来源于拉丁语中的"confligere"（矛盾）一词：碰撞，撞击。相应地，冲突的双方通常代表着利益的对立，双方的不同动机会进行相互碰撞。以车辆买卖为例，买家和卖家均以达成交易为目的，但该过程中自然会产生利益的碰撞：卖家想以尽可能高的价格卖出自己的车，与之相对，买家想以尽可能低的价格购得一辆好车。然而交易的背后是更深层的不同动机，该动机乍一看并不容易被察觉。因为冲突双方的背后隐藏着潜在的不同需求和价值观：一个狂热的汽车爱好者与他的汽车有着近乎感性的关系，他作为卖家看中的是，买方会欣赏这辆精心维护的汽车，而不仅仅将其视为一件用品。

人性的特点在谈判中也起着决定性作用，由其可以产生不同的判断、感受和目的。在劫持人质的情形中，劫持者对失去的恐惧，尤其是对失去未来的恐惧往往导致其实施暴力，劫持者会扪心自问，自己的余生会在哪里度过。他需要方向，需要希望，渴望一个可以寄托情感的美好憧憬。在谈判中我经常会感受到这种恐惧并且加以利用。我还遇到过其他害怕失去的人，比如站在房顶上想要跳楼轻生的人。此时，如果对他们缺乏足够的尊重，则会令情况变得更糟。他们缺乏的是安全感，需要的是归属感，需要被承认，也有部分人需要家庭的支持。对于一些陷入这种绝境的人来说，生活架构的丧失也可能是决定性原因。正是因为他们被从现有的架构中抽离出来，比如失业或家庭破裂，所以这些人对人生的意义、生命的参与度以及别人的尊重有着强烈的渴求。其实他们害怕失去人生的意义，但是当他们问自己意义何在时，常常倾向于给出消极的答案。

对罪犯而言，恐惧往往来源于局面失去控制。例如由于时间上计划失误，警察到达抢劫银行犯罪现场的速度比劫匪预期的要快。此时，劫匪既担心自己的命运会发生反转，又担心如果不能及时恢复对局势的控制则会有严重的后果，这些恐惧都可能成为其实施暴力的导火索。对于此类心理机制的分析，可以帮助我们更好地理解冲突产生的原因及其发展趋势。正因为在每一次谈判中，谈判双方的关系和双方的对立行为都可能导致彼此之间产生冲突和误解，从而导致谈判陷入僵局，所以有必要分析冲突的根本原因是什么以及该冲突会在何处、朝着什么方向发展。在我曾受过的专业培训中，这叫作：人必须"认识到谈判深处的暗流涌动"。

潜入谈判的浅滩

在危机情况和绑架人质的情况下，谈判的目的是使谈判对象自愿改变甚至放弃他当前要实施的行为。换句话说，我们想让一个人停止他目前所做的事情，同时引导他去做我们希望他做的事情。这一双重目标恰恰也是许多职场谈判和日常生活谈判的重点。

上述极端情况下的谈判和职场谈判、日常生活谈判（虽然偶尔也会出现"极端"情况）的共同之处在于：在紧急情况下人的行为受一些负面情绪驱使，并非由理性思考决定。因此，成功的谈判者总是尝试消解谈判对象的这些负面情绪，力图让其重新回归理性的思维方式。

那为此谈判者需要具备哪些能力呢？如何才能减少对方的消极情绪，使得自己能够掌控谈判局面呢？

在劫持人质和敲诈勒索案件中与犯罪分子谈判所需的能力，很大一部分同样适用于和商业伙伴、朋友、客户以及伴侣的谈判。因为在这些情形下也需要明确冲突的原因：双方何种不同的目标和利益可能导致分歧，双方对问题的看法或对自己的权利、地位有哪些分歧。能够意识到这些冲突的原因是成功谈判的基本前提之一。

除了分析他人的能力之外，成功解决冲突的另一个秘诀在于和对方建立联系、保持并经常维护这种联系。只有这样，在和谈判对象协商时才能侃侃而谈。必须时刻牢记：无法与对方建立联系也就无法圆满地解决冲突。在 FBI 和 CIA 的谈判培训中，这也称为战术性共情。FBI 前首席谈判官加里·内斯纳（Gary Noesner）曾解释道：

> "我们都必须扮演好倾听者的角色，并学会怀揣共情和理解去应对谈判对象的需求和难题。只有这样，我们才能寄希望于按照我们的意愿去影响对方的行动。"

摆脱先入为主的观念、怀揣好奇心收集信息、使用创造性的提问技巧、在不忽视自己目标的前提下争取合作——这些都是重要的谈判能力。主动寻求问题的解决方法也利于谈判取得成功，谈判者要清楚地意识到，身处冲突之中并不是一件多么糟糕的事。

我们必须深刻地意识到：努力追求自己目标的同时，仍然可以与谈判对手保持稳定的关系。从贸易战、美俄之间的冲突或朝鲜事件连锁反应中我们可以观察到：不论是在个人层面、国家层面还是国际层面上，冲突无处不在，而且会接二连三地出现。好消息是每个人都能够学会如何掌控并解决冲突。前提是要正确地维护好与对方的关系、有热忱的责任心、懂得合作、愿意坐下来谈判，以及有能力掌控自己的情绪。为了取得更长远的利益，我们甚至可以摒弃一些观念。

我们必须摆脱对"冲突"一词的恐惧。任何冲突都是可以解决的，然而我们的大脑——更准确地说是我们的"边缘系统"[①]——更擅长回避甚至是从源头上掐断冲突的苗头。每当我们认识到将会发生冲突时，"边缘系统"就会发出警告："小心，这可能很危险！尽量避免卷入冲突。"这时，逃避的情绪就会占上风。专业的谈判者总是能够意识到这一点，并有一系列应对策略来控制自己的行为，同时也去影响谈判对手的行为。

解决冲突总是有许多办法。

[①] 边缘系统，是指包含海马体及杏仁体在内，支持多种功能，如情绪、行为及长期记忆的大脑结构。——译者注

规避谈判或争论

哪些人容易产生"尽量避免冲突"的想法？这往往是由谈判者的性格决定的。有的人以和为贵，更倾向于与他人保持和谐的关系。面对冲突，他们经常选择绕路而行。但他们不知道，逃避只会使一切变得更糟，这种人不适合谈判。客户经理如果在自己的领域非常出色，但把和睦相处看得很重，他就不适合进行商业谈判，谈判对他而言则是一种苛求。根据他们的性格，他们希望尽快摆脱冲突的局面，担心伤了和气，并倾向于尽早做出让步，希望尽快得到一个结果。很明显，这就很难达成他们自己的目标。

不谈判而实现自己的利益

这只有在无须受谈判对象任何制约的情况下才行得通。当一方不需要别人时，自己一个人就可以做决定。在这种情况下人们更倾向于进行"表演式"的谈判，这种谈判在政治上可见一斑。例如，选民和媒体希望候选人能够与反对党或非政府组织接触并协商。他们在蜂拥而至的媒体镜头前，会谈上个好几轮，最后得出从一开始就板上钉钉的结论：我们未能在任何事上达成一致。到头来他只考虑怎么实现自己的利益。但是只有在不依赖于他人的情况下，在自己有能力决定一切的时候，才可以不必谈判。

谈判的实施

当然,谈判可以通过不同的方式进行。其中一种谈判方式被称为建设型谈判,该谈判是理想型的谈判,因为谈判过程中一切都向客观事实靠拢,事实论据占上风,谈判双方共同制订解决方案,举止理性,彼此之间达成公平、互惠的关系。知名的"哈佛模式"①追求的就是这一点。它建立在人与事严格分离的基础上,不掺杂人的主观感情。但是这个设想太理想化,在现实生活中很难达成。更多的时候,我们得和另外两种类型的谈判打交道:一种是诡计型谈判,谈判者表面上呼吁道德与理解,背后却是欺骗或肮脏的伎俩;另一种是针锋相对型谈判,谈判双方都试图将自己置于权力的强势地位,威胁和不公不断出现,真情实感和虚情假意混杂其中。

F.I.R.E.-业务谈判系统®适用于所有类型的谈判,包括建设型谈判、诡计型谈判以及针锋相对型谈判。当然,在理想的情况下,所有的谈判参与者都秉持建设性的态度,能够权衡事实论据并稳定谈判局面。但谈判总归是为了化解冲突,而在冲突中,我们感到被攻击、被伤害,担心我们的需求没有被考虑到。有时这会导致我们做出一些在别人看来完全不合理的行为。常言道,旁观者清啊!

---

① "哈佛模式"是指美国作家罗杰·费希尔在 2009 年出版的《谈判力》一书中针对"哈佛大学谈判项目"提出的"原则谈判方式"。该谈判方式根据事情本身寻求解决方案,强调把人和事分开,着眼于事件本身的是非曲直,认为谈判应着重于利益而不是立场。双方利益发生冲突时,谈判结果应基于某些客观的标准。——译者注

倾听、谛听或泛听

解决冲突的基础是对话，对话需要被倾听。"对话"一词的词根来自希腊语"dia"一词，即"通过"之意，和"logos"，意为"话语"或"形式"。对希腊人而言，"logos"是人类灵魂的一种特质，它赋予事物以形式。话语是一种形式，是用来表达意义的公式，也是内在含义的外部包装，用于传递人内心承载的信息。只有当至少两个人需要彼此交换信息或交流他们对事物的想法时，对话才会发生。因此，对话是双方对思考和反思的一种共同探索——这也是谈判取得成功的基本手段之一。想要运用好这种手段，重点是要理解对话的对象或谈判的对象。要解读谈判对象在谈判中所持立场的真正动机，要理解谈判对象有着什么样的顾虑，还要了解谈判对象准备将问题解决到何种程度。然而，对话并不等同于辩论，更不是交换论点。在辩论或争端中，好比在法庭上的谈判，有听众或仲裁员。因此，论据有着决定性作用。但在谈判中，只涉及依赖——可被感知的、真实的依赖。情感占主导地位，情感决定了我们的思维，所以我们必须在谈判中与情感打交道，争论是没有什么帮助的。

对手愿意与我们坐到谈判桌旁进行谈判不是没有原因的。因为没有我们，他无法自行解决问题。由此便产生了某种依赖，有时还伴随着一定的无助感。我们在谈判过程中，应时刻明确地认识到这一点，这有助于我们提升自信和加强自我认知，因为我们知道谈判对手也依赖于我们，否则他就不会与我们谈判。不论谈判对象是看起来更加位高权重的老板，抑或是背后潜藏着无数权力关系的意图收购我们公司的企业家，即使他想让我们感觉自己势单力薄、人微言轻，但我们依然要明确地意识到：他之所以选择和我们坐下来谈判，是因为他依赖于我们，当然我们也依赖于他，二者之间是相互依存的。

在任何谈判中，解决固有冲突的出路都是对话，对话是一种合作性交流。在谈判的背景下，双方的对话总是经过精心计算的，而每一次对话都包括个人的动机、想法、情绪、语言和非语言的表达方式，以及背后潜在的相互依存的关系。看到和听到这些要素就是我们所说的在谈判中谛听。这甚至超越了倾听。因为只有当感知到以上这些要素时，才能听到一个人的心声，才能够控制对方，并引导他去贯彻我们的意志，最终达成对己方有益的结果。但不要误会我的意思，这并不意味着我们在扮演教练或心理医生的角色。需明确的只有一点，那就是达成我们自己的目的。

相关能力简介

为了使谈判达成自己的目的，哪些能力是必须具备的呢？凭借什么才能实现谈判的目标呢？怎样才能减少对方的负面情绪并掌控谈判呢？在特种部队的训练中，针对世界各地的危机情况和绑架人质的案例，展开了一系列核心能力的培训。是否具备这些能力对职场或者日常生活中的谈判能否取得成功也至关重要。这些能力包括：

- 专业地建立关系
- 战术性共情
- 主动聆听
- 明确"控制"这一概念
- 充分利用"时间"这一因素
- 有目的地影响他人的行为

事实证明,哪怕在极端条件下这些能力也能使我们胜券在握、掌控谈判,最终引领谈判取得有利于自己的结果。

倘若这些能力在极端情况下已经帮助我们取得了成功,那么在一般的谈判中,它们又能发挥什么样的作用呢?在面对缺失理智的谈判对象时,如何为自己赢得理性的结果呢?在面对冷静理性的谈判对象时,又该如何取得对自己更有利的结果呢?

能在安全机构和情报部门进行危机谈判,是以漫长的培训时长和在整个职业生涯中不断实战为基础的。培训课程包括角色扮演以及处理现实生活中的危机情况,此外,还要始终跟上最新研究的步伐。这种长期的训练最后往往在真正的生与死之间发挥决定性作用。

1. 专业地建立关系

专业地建立关系意味着关注我们的谈判对象,积极地面对谈判对象,出色地管理我们之间的交流。和对方的关系在很大程度上是由积极的聆听决定的。此外,想要建立一种成功的关系,还必须确保语言交流与非语言交流(包括语气、手势和眼神接触)

相互配合。

2. 战术性共情

人们必须能够意识到对方的情绪波动和压力变化，而且在与对方的互动中需要对这两点仔细加以研究。作为一个谈判者，如果想改变谈判对手的行为，就需要了解他们当前的感受和行为方式——这就是共情，即揣摩和理解对方的观点。面部动作解读系统（FACS）是全球心理学家用来解码肢体动作信息的手段，它使我们根据微小的面部反应——微表情——准确地识别对方的情绪。成功的谈判者需要有针对性地使用战术性共情的能力，同时快速识别肢体语言并在此基础上调整他们的行动。令人欣慰的是，FACS的学习和对微表情的识别，在今天凭借线上门户取得了极大的进展，而且比听上去更轻而易举，它在谈判中的附加价值是不可估量的。

3. 主动聆听

简单地说，积极主动的聆听是最重要的沟通技巧，在解决危机时，谈判者不仅要会使用，而且要能够正确地运用该技巧。详细来说，积极的聆听包括：

- 利用开放式问题
- 运用情感标签
- 镜像/反思
- 沉默
- 词汇替换

积极的聆听使谈判者或审讯者能够从对方那里获取重要信息（在谈判术语中叫作"立场背后的利益"）。这与战术性共情以及表现出建立联系的意愿具有同等重要的意义。

谈判者不能简单、随心所欲地孤立使用其中某一个技巧，而是要有战略性地综合运用这些技巧，当人们在谈判语境中一并使用所有上述技巧时，就成功地做到了积极的聆听这一点。在谈判中，坐在我们对面的人对要讨论的话题已经抱有非输即赢的预期，这种预期也往往伴随着担忧、恐惧和他们自身的需求，通常人们也把这种情境称为一种危机情况。请回想一下最近经历的一次这种情况：当时你是否有意与对方交谈或倾听他的谈话内容？答案往往是，处于危机情况中的人更想表达，而不想倾听！积极的聆听就是允许对方表达，而作为听众则可以给予一些反应，做出反应一方面可以掌控对方的谈话，另一方面也是在向对方发出信号，告诉他我们在仔细听。积极的聆听不仅能使对方的负面情绪减少，还能使我们获得额外的收获——收集到更多与谈判有关的信息。

4. 明确"控制"这一概念

当处于危机中时，大部分情况下人们会感觉缺少一样重要的东西——控制权，如对自己生活的控制权，这恰恰是使他们陷入危机的原因。如我们让这样的对手参与决策，那么多数情况下会最终得到双方想要的结果。在非刑事谈判中，通常要"付出一些代价"以"达到一些目的"，这就是所谓的动机导向型谈判。

要让对手有参与感，让他感受到自己参与了谈判的过程。这就意味着允许他表达、获取信息，允许他参与到每一个讨价还价的过程中。

我们在做谈判培训时，最初总是会不断强调一点：让对手有参与感，可以在某种程度上令其感觉到自己有一定的控制权，但绝对不可以丢掉我们自己的控制权。相反，给对手这样的感觉是为了能更好地控制他。而实际上，在整个过程中处于控制地位的只有我们自己。

当然也要时刻牢记必须会控制自己，特别是控制自己的情绪。情绪是会传染的，如果在危机情况下，他人的行为是由各种负面情绪驱动的，就要确保自己不会被他们的情绪感染。此外，如果能在语气和其他肢体语言方面很好地控制自己，那么我们的镇定自若也可以帮助缓和紧张的局势。

想要更好地控制对手、控制自己，还需要对谈判有所掌控。这就意味着，必须知道谈判会经历哪些阶段，以及目前我们正处于这些阶段中的哪一个。而且需要时不时追问自己，为了达到某个结果，是否有必要在适当的时候将某个谈判阶段再重复一次。

5. 充分利用"时间"这一因素

在谈判中，时间可以是朋友也可以是敌人。但不论在哪种情况下，它都代表着权力！因此，时间也是谈判者最重要的盟友。也就是说谈判宁可缓中求稳，也不能草率地得出结果。如果急于求成，会忽略重要信息并徒增压力——最糟糕的情况甚至会殃及自己。

安全机构和情报部门的谈判人员和审讯人员总是被不断提醒，要放缓谈判的步调。这跟走平衡木的道理类似，走平衡木时如果不想趔趔趄趄、不想失去控制、不想从平衡木上掉下去，一步一个脚印才最有帮助。每迈出一步都谨慎思考，就有助于放慢步调，在谈判中还能使人更从容地综合运用其他五种能力。

6．有目的地影响他人的行为

在上述能力的帮助下，谈判者可以化解紧急和极端情况。危机救援中的首要任务是进行谈判并试图处理眼下的危机。放慢进程，通过积极的聆听来表现出与对方共情并建立融洽的关系，这对处理危机状况而言是很有帮助的。

但这不仅仅是建立人际关系那么简单，因为谈判的双方在某种程度上是对立的，都有各自的目标，而且不会轻易放弃自己的目标。确定己方的目标是什么，并且清楚地知道哪些结果是绝对不可接受的，这是每场谈判的基本准备，也将为日后的谈判奠定坚实基础。

第二章
万事俱备方能运筹帷幄

02

知人者智，自知者明。

——老子，中国古代哲学家

天空阴沉沉的，没有一缕阳光穿透云层。但即便如此的天气，也模糊不了我们对巴登-符腾堡州大城市郊区工人住宅区的沉闷印象。这些公寓楼排成一排，像鞋盒一样没有装饰。四层楼，八名住户，每层两名。有些窗户因为没有清洗显出乳白色，仿佛在盯着我们不放。当时事态处于高度紧张状态。一名42岁的男子和他18个月大的孩子被藏在其中一间屋子里。没有比孩童的安全受到威胁更糟糕的情况了。但据现场已知情况，这个孩子正处于危险之中。

几个小时前邻居们已经报警。据邻居反映，他们先是听到来自邻近公寓的大声争吵。一名男子和他的妻子争吵不休，直到这名女子尖叫着离开公寓，通过楼梯间跑出屋外。她的丈夫随后跟着她进入楼梯间，即使是邻居也无法让他平静下来，他仍然疯狂地叫喊，对妻子进行侮辱和威胁。最后，他手持一把手枪来到楼梯间，向空中开了两枪。"他威胁说要自杀，"这位心烦意乱的母亲和妻子后来说道，"他说这都是我的责任！"据这位女士说，他们发生了争吵，起初只是恶语相向，后来男人动手打了她并用刀威胁她。男人说："我要自杀，带着你的崽子一起自杀。""我替我的儿子感到害怕！"

男人口中的"崽子"是女人的私生子，是她和另一个男人的私生子。夫妇二人过去经常为此争吵。用了"崽子"一词，很明显，孩子已经被劫持者贬低为物品。妻子的担心不是没有理由的。我看了下她的状况：她表现出明显的压力症状、浑身颤抖、哭泣、拼命地搓着双手、不断地揉捏手指——这是人们用来试图让自己平静下来的典型姿态。她无助的孩子被她狂躁、暴力和酗酒的丈夫控制着，糟糕的情况不得不让她担心。特别是公寓里还有一个11千克重的野营液化气罐，里面有丙烷气体。丙烷比空气重，在高浓度下有麻醉或窒息作用。丙烷也是高度易燃物，与空气结合后会形成易爆炸的混合物。

根据妻子的陈述，在早些时候的争吵中，丈夫已经威胁说要用液化气罐把自己炸死，"并把所有人都带走"。毫无疑问：这是一个通常在电影中才会出现的情景，同时也是一场真正的危机。被劫持的人质是一个婴儿，枪支、刀具和液化气罐掌握在一个具有攻击性和不理智的人手中。如果他真的引爆了液化气罐，就有引发一连串灾难的危险，因为一方面房子的静态结构可能被破坏，另一方面整栋建筑物都会充满丙烷气体，这会将结果引向一场大爆炸，局势可能随时失去控制。情绪一点即燃，我们必须做好一切准备。

当时我们还是一个特别行动组织，由负责的警察总部、特别行动指挥部、谈判小组和国家刑事警察办公室组成，还有一位警察局长统领这次行动。他协调各部队的行动，享有关键决策的最终权威。他会在与犯罪嫌疑人的谈判中确定是否提供给罪犯一些东西：比如食物甚至是逃跑的车辆。但他也能最终下令实施抓捕或击毙犯罪分子。我属于这个特别行动组织当中的谈判小组，负责谈判的不只我一个人，还包括当时与我一起工作的其他谈判者，作为与劫持者交流的重要部分，我们必须与劫持人质的这名男子取得联系并保持沟通。

在尚未与劫持者有任何接触前，我们已经做了大量的准备工作。由于有爆炸的危险和发生交火的可能性，周围房屋的居民已经疏散。在确定了居民的个人信息之后，房子周围方圆200米的区域已经被路障封锁。特别行动指挥部在"三点钟"方向随时待命，"三点钟"方向这是警察的行话，这是假想的时钟定位，借助这个时钟定位来部署警力。特别行动指挥部的一名观察员已经就位，人质劫持犯的公寓被锁定在他的视野之内。在离他稍远的地方，一名精确狙击手也已就位并随时待命，由一名观测员陪同，观测员配备有望远镜，时刻观察现场，以便用目标信息援助狙击手。所有人都已经就位。所有人都已经对当地的情况了如指掌，我们已经获得了建筑物结构图纸，并记住了公寓的布局。特别行动指挥部的一支小分队已经在出口处部署了自己的位置，救援医生也已经待命。

我们的谈判小组做了充分的准备，每个人已经确定了任务，目标也已经明确。我们为该妇女提供了心理咨询援助；从数据库中提取了更多有关人质劫持犯的信息，建立了档案，并从他平时的生活环境中寻找更亲密的人，尝试与其建立联系。我们必须确保孩子的安全，并不惜一切代价稳住局势，也就是说，我们必须防止劫持者将局面升级。

而且我们必须确保他在任何情况下都不能离开公寓。自1988年8月格拉德贝克（Gladbeck）发生的恶性人质劫持事件（在该事件中，有3人死亡）以来，面对所有类似事件的首要任务都是让犯罪者不要轻举妄动。我们还提出了明确的要求：必须详细掌握孩子的身体状况，以及确保充足的食物供应。儿童脱水的速度比成人快，更容易受到伤害。我们还需要清楚地了解枪支以及液化气罐内的气体和容量，以便能够评估爆炸或袭击的风险。此外，除了他妻子提供的信息外，我们还分析了该男子的人际关系。我们了解到他的父母与他住在同一个城市，于是我们与他的父母取得了联系。但我们是否让其参与谈判以及如何参与谈判，还不能确定。在以往的某些案例中，有些罪犯的家庭成员可以对谈判产生积极的影响。但也有一些案例表明，他的家庭成员可能是他实施犯罪的导火索。在本次劫持案件中，他的父母究竟会产生何种影响，这需要在与罪犯取得联系后，才能确定，这也是我们面临的一项重要任务。但在这之前，准备工作往往已经悄然展开……

成功往往在谈判之前就已开始了

对于这个案例的故事，我们稍后再谈，请大家暂时将注意力跟我转移到谈判的准备工作上来。周密的准备工作在任何谈判中都是成功的关键因素之一。

你是否曾在谈判前与同事隔着车窗急匆匆地商定某些事情？那么在谈判过程中，你是否经历过在某一时刻出现了你不能确定的情况？你不清楚应该如何反应，该做什么？这时你是凭本能行事的吗？在这之后，你又对结果不满意？

如果在谈判结束后回家的路上，你突然对你应该做什么和不做什么有了很多更好的想法，那么你就犯了一个基本的谈判错误：没有做好充分的准备。你不知道会发生什么，也不清楚你想要什么。无论是在内容上还是在心理上，都没有为即将到来的挑战做好准备。

充分的准备有助于树立谈判的自信

从科学角度看，至少 70% 的谈判成功与心理学有关，这一点是无可争议的。因此，重要的是在准备期间就考虑到心理因素对谈判结果的影响。这就好比没有运动员会在毫无准备和还未调整好状态的情况下参加比赛。

没有一个专业人士会在没有准备的情况下开始谈判。每个拳击手或足球队都会针对即将遇到的对手做单独的准备，因为充分的准备才能令谈判者有信心取得谈判的胜利。

在与劫持人质者谈判前或审讯恶劣罪犯前，谈判专家会仔细研究他们背后的人际关系，详细分析所有的可用信息。设立自己的目标，明确自身的需求，创建谈判的升级、决策和信息结构。

人们准备得越充分，在谈判中就越有信心取得胜利——这条原则在任何情况下都始终有效。那么，为了在谈判中取得成功，在准备阶段究竟需要做什么？不同的谈判需要哪些不同的人参与其中？

辩论意味着谈判的死局

我曾去过美国弗吉尼亚州的匡提科。这个面积为0.2平方公里的小镇，三面都是军营，第四面与波托马克河接壤。这里只有大约500人居住——与纽约市或达拉斯市人口密集的情况截然相反。我来到这里学习，因为联邦调查局学院位于美国海军陆战队的匡提科基地上，而联邦调查局是我努力的目标。我对这个有关谈话和谈判技巧的课程期望很高。我希望能学到修辞方面精巧的话术，在当时我仍然认为这是谈判取得成功的关键。我的期望确实得到了满足——但却是以一种完全不同的方式。

我们的教员进入讲堂，我们这组的15个人看起来有点迷茫。他看了我们一眼，默不作声，在墙上投影出一张照片。照片中，一名男子拿着一把长约30厘米的刀刺向另一个人，受害者显然被刺中了好几刀，他的上半身布满了血迹，这是一个令人毛骨悚然的场景。然而更令人震惊的是讲座的开场，教员停顿了片刻，然后说道："辩论才是真正的连环杀手。"我心想：你说什么？辩论不是说服别人的最好方式吗？当然，辩论得越好，就越容易表明自己的立场，谁都无法否定辩论的力量。我环视了一下我的同事，我在他们的脸上也读出了惊讶和困惑。我们的教员预料到了这一点，他重复了这句令人难以置信的话："辩论才是真正的连环杀手。"他停顿了一下又说，"他们扼杀了所有与罪犯进行对话的机会。"而正是对话能够令我们了解对方过往的经历，也正是对话让我们有可能预见到对方所期望的世界，并最终成功地控制他。但是，如果不断地用辩论来扼杀对话的流程，就永远不会发现对手背后隐藏的立场是什么，从而永远不会在谈判中取得成功。当时，我不得不相信他。今天我从多年的个人经验中知道：他是对的。

当然，在与劫持者谈判时，试图用辩论来使其妥协退让是没有效果的。试想一下下面的对话。

尊敬的绑架犯，您的行为已经触犯了法律，因为：

- 如果一项行为在《刑法》或其他法律中被描述为非法，并应受到惩罚，那么受到惩罚就是不可避免的。《刑法》第239条中定义了您的行为，明确规定劫持人质是犯罪行为。
- 因此，明知故犯的行为是要受到惩罚的。作为劫持人质者，您故意绑架了无辜受害者，并剥夺了他的自由。
- 行为人的行为必须是有正当理由的。您现在想敲诈10万欧元为您的犯罪集团购买更多的武器，这不能算作一个正当理由。

我的论证滴水不漏、完美无缺，应该足以说服您释放人质。我想我们在这一点上是一致的，不是吗？

在读了上面这样一段对话后，你肯定会同意我的观点，这种形式的谈判不可能取得成功，因为它完全忽略了对方劫持人质的动机。然而，我在各式各样的谈判情形中，如在商业谈判中，不止一次地看到这种错误的做法。在这种错误的做法中，一方只站在自己的角度进行辩论，这是行不通的。这样做的人在准备工作中先考虑自己要说什么，再假设对方如何回应，自己又应该说什么。当他们认为对方已经无法反驳的时候，他们对谈判的准备工作就结束了。看似准备得条理清晰、头头是道，但是万一对方没有按预想中的那样给出回应，该怎么办呢？更糟糕的是，在对方没有"按常理出牌"的情况下，人们还坚持自己准备好的态度和做法。一旦发生这种情况，对方就可能产生抗拒情绪，甚至迫不及待地想给你点颜色看看，使谈判陷入最坏的境地。

这种情况不仅会发生在劫持者或犯罪分子身上，甚至在儿童身上也可以观察到。任何曾经和孩子一起购物的人都可能经历过类似的情况：女儿或儿子在排队结账时想买一个"奇趣蛋"①，商家经常会在款台放置类似的糖果，在顾客排队等待结账的时候，孩子就容易哭哭闹闹地向大人索要这些糖果，当大人着急结账时，就会给孩子买下来。如果你现在开始争辩说，家里有土豆、菠菜和煎蛋的健康晚餐在等着你，所以现在不能买巧克力，现在吃了巧克力就会没有胃口吃晚饭了。虽然这时候大人是有道理的，但是当孩子渴望得到一些糖果时，他们根本听不进去大人的这些道理。当大人越是严肃地跟孩子进行辩论，孩子就会越顽固，他们哭闹的声音会越来越大。这对父母来说绝不是件令人愉快的事，甚至有些孩子会坐在地上大吼大叫。周围的大多数人会

---

① "奇趣蛋"是一种儿童零食，由巧克力制成，内含玩具。——译者注

开始变得烦躁,有些人也不放过诸如"你现在必须坚持自己的立场"或"儿童需要这些阶段才能发展成为自由的人"这样的评论。为了化解这种尴尬的局面,大多数父母在孩子发脾气的第一时间就屈服了,给孩子买了"奇趣蛋"。

孩子从中可以学到什么?哭闹是有力量的,哭闹的办法是可行的,自己一哭闹,父母就会做他们一开始不想做的事。对孩子来说他们不会觉得丢脸,他们完美地利用了父母对和平与和谐的需求。此外,他们还利用了结账时仅有的时间和公众压力。有的家长一开始还想与孩子辩论,结果输得一败涂地。

从心理学的角度出发,这种情况是很令家长感到沮丧的。有两种心理效应能够解释辩论在这时不起作用的原因:观点保护机制和占有效应。后者指出,如果我们拥有某样东西,我们就更重视它。研究表明,同一个物品,比起只从远处看,我们将其拿在手里时往往会对其估价更高。如果将其含义引申,如当我们"拥有"一个观点时,这个观点就像我们所有的财产一样,我们既不想放弃它,也不希望有人从我们身边夺走它。为了防止这种情况,一种在心理学中被称为"观点保护机制"的系统开始发挥作用:我们让自己尽可能不理会相反的意见,特别是双方针锋相对时,试图对影响我们的企图产生"免疫力"。

这两种心理效应可以用来解释为什么谈判中的辩论常常达不到目的。也就是说,因为我们高估了自己辩论时的论点——这源于"占有效应",同时低估了对方的防御能力——这源于"观点保护机制"。

此外,无论如何,立场是很难改变的。心理学意义上的立场是对人或事物的一种评价，这个评价的形成受四个因素制约：遗传倾向、情绪、认知和行为。在这四个因素中，我们能够直接影响的因素只有一个，即情绪。对于其他的因素我们最多只能间接去影响它们，然而，不是通过辩论去影响，而更多的是通过情感。

尽管如此，在准备谈判时，人们往往优先考虑在谈判这场战斗中该使用哪些论点进行辩论。许多人几乎迷恋上了辩论，但往往忽略了一个早已被证明的事实：辩论应该首先服务于我们自己。利用辩论，我们所说服的是我们自己，其原因可以从心理学上进行分析。

人们喜欢在人际冲突中指责自己的自我中心主义，实际上是一种科学上已被证明的认知状态。发展心理学家让-皮亚杰（Jean Piaget）将三座不同大小的模型山排在小孩子面前，问他们看到了什么，回答是一座小山、一座中等大小的山、一座大山。然而，当皮亚杰要求他们从放在最大山上的玩偶角度描述这些山峰时，孩子们也给出了同样的答案。事实上，从玩偶角度只能看到两座较小的山。原因在于，孩子们还没有，或者说不能够接受其他人的视角，他们只会"以自我为中心"。在我们的生活中，我们逐渐学会从其他角度看问题，但我们永远无法完全摆脱以自我为中心的本性。

这也是我们在谈判准备工作中准备了辩论的各个论据和论点，就会感觉良好的另一个原因。其实辩论并不是一把锋利的剑，但问题是，人们在这把不锋利的剑上浪费了多少时间，在准备其他方面时又应该投入多少时间。在谈判中，我经常注意到，人们会事先考虑论点，兴许还会确定目标，但没有考虑结局可能是什么样子的，或者什么时候应该明智地中断谈判。没有考虑到这些问题的人，在谈判中往往会失败，或者达成一个对自己不利的结果。

准备工作的六个重要方面

良好的谈判应该准备什么？当辩论不是主角时，应该考虑什么？应该考虑到哪些相关机制？

我归纳了一个由六方面组成的谈判"百宝箱"，它们应属于谈判前的准备工作，并且这六个方面可以灵活地用于任何类型的谈判。谈判越是重要，就越应该在准备工作中详细考虑这六个方面。

良好的谈判准备包括以下六个方面：
（1）研究谈判对手和他的人际交往环境。
（2）研究谈判的基本范围。
（3）清晰定义自己的目标和必要时结束谈判的节点。
（4）建立自己的需求并将其清晰分类。
（5）建立团队的规则。
（6）精神和心理方面的准备。

1．我的谈判对手是谁？他背后又是谁？

人们通常会设想，谈判桌前的双方可以随便决定所有谈判重点。但这种情况极为罕见，因为在大多数时候，谈判桌前的双方不是孤立的个体，他们背后有各自的势力，也就是背后的关系网。在德国联邦刑事警察局工作期间，我曾在南美与绑架者打交道。在那里，我遇到过的谈判对手往往有着复杂的关系网，与他们进行讨价还价，甚至可能遇到将绑架人口作为产业的犯罪团伙，在和他们打交道的过程中，我积累了很多经验。在这类情形中，参加谈判的人可以是但不必一定是决策人，这取决于他背后的势力有多强大，以及他在这个关系网中所处的地位。根据该关系网的强大程度和谈判者所处的地位，不同谈判者对他背后势力的依赖程度也不同。当然，在这种情况下，哪怕是 BKA 的谈判人员也不是孤军奋战，因为他们背后有特种部队，调查人员和警察主管人员也会参与到绑架案的谈判中。除此之外，在某些情况下，一些政治层面的势力也会加入进来，比如政府某个部委的人员或者外交人员：部级单位的负责人、国务院秘书等。当涉及重大救援行动时，有时甚至是部长本人也会参与到谈判中来，比如针对 1977 年汉莎航空"兰茨胡特"号飞机的劫机案。

在某些情况下，像 GSG 9 这样的特别行动队也是谈判团队的一部分，但同时他们又有另一套自己的解决方案。如果他们觉得谈判者的策略没有取得进展，并且人质的生命仍受到威胁，就会动用这些方案。

谈判双方背后的关系网以及谈判真正的决策者在"民间经济"中也可见一斑。我们以购置汽车为例，虽然通常来谈价格的都是男人，但实际的决策者也可以是当时未到场的人，如他的妻子。妻子通常会选择小型货车，它比时尚的跑车更适合作为家庭用车。但是有时谈判背后的实际决策者会出乎意料地出现在谈判现场。之前在出售公寓时，我曾遇到过这样的情况：一个男人参观了公寓，但他犯了一个典型的谈判错误，把实际的决策者带在身边，也就是他的妻子和孩子们。当我和这位父亲谈论价格时，小家伙们在母亲的跟随下，去参观这套两层楼的公寓。我的妻子领他们看完房之后，他们满面春风地回来了。孩子们已经对他们各自的儿童房的位置和布置有了精确的想法，妻子对"完美"的房间布局感到兴奋，甚至开始考虑卧室和更衣室的改建问题。看着孩子们闪亮的眼睛，这位父亲痛苦地意识到了自己的错误。他看着我说："好吧，既然大家都相中了房子，也决定要买了，所以我想在价格方面应该也没什么可以回旋的余地了。"——当然，他说得对。

决策者的类型千千万，但没有必要强迫自己在第一眼就认出谁是决策者。决策者其实一开始也不属于谈判桌。因此，在商业谈判中，认识到谈判者与他公司中的各部门员工之间有着怎样彼此制约的关系是非常重要的。例如，在与想要收购你公司的人谈判时，不应认为他可以完全自由地做出决定，其实他受到很多他公司其他部门的限制，这也给他带来了压力。比如，如果他采取最便宜的供应商，而不是部门建议的供应商（但可能是迄今为止最贵的），也许会得罪部门中的某些人。另外，也许他公司早已有规定，最少要节省多少金额。

与工会的谈判也是如此。工会代表是由全体职工选出的，因此他们已经受限于这种选举与被选举的关系。毕竟，如果他们想连任，必须提出可用于下一次工会选举的方案。我见过不少工会代表的谈判者，他们非常了解劳资纠纷或劳资争端中的经济要素，但出于战术考虑仍然坚持不切实际的要求。

观察谈判桌上的真实情况，分析谈判人员背后的决策者是谁，洞察对方的背景以及受到什么因素牵制，这些都是谈判准备工作的基本要点。在这里，要注意分辨那些对谈判有直接影响，并且也可以被看作与相关利益有联系的人，在专业术语中被叫作"主要利益相关者"。主要利益相关者可能是个人，也可能是团体，他们都能从谈判中获益，或者在谈判中有自己的需求。此外，还要分辨出谈判中的"次要利益相关者"，他们对谈判有间接的影响。例如，谈判对手的老板、他们公司的实际控股人、他的妻子、竞争对手和相关媒体。当然，也需要分析清楚他们之间有怎样的利益关系。例如，需要了解与我们谈判的人的直属上司是谁。在上述买房这样的情况下，人们可以追问："还有其他需要我们考虑的利益关系吗？"

在更复杂的谈判情境中，如在政治领域或我以前工作过的德国联邦刑事警察局，谈判之前必须针对谈判对象或审讯对象做充分的准备。这意味着要利用一切可获得的相关信息和数据，从而尽可能获得全面的情况。在政治谈判中，高层领导人会收到关于其对手的全面档案，他的对手有可能是另一个国家的部长。在美国或俄罗斯等国家，国家安全局或联邦安全局等情报部门都有专门的分析员，长期观察相关国家的五到六名官员，仔细检索这些官员的发言、他们出现的场合、如何出席这些场合、在哪些话题上发声、在哪些话题上却保持沉默，甚至还要留意并分析他们生理和心理的变化。

因此，这不仅涉及搜集谈判对手的客观信息，还必须对其进行心理评估。即便在普通的谈判中，人们也可以通过简单地在互联网上进行搜索来了解对手的情况。从一个人在Xing、领英（LinkedIn）或脸书（Facebook）上展示自己的方式，可以分析得出许多结论。例如：他如何在媒体上增加自己的曝光度？如何展现自己？他有什么爱好？他对外重点展现自己的哪些方面？想让别人如何看待自己？

我曾经遇到过一位这样的谈判对手：她经常参加铁人三项比赛，她在跑步或骑自行车时以扭曲的面孔示人，但在鼓掌的人群面前，她主要是摆出胜利的姿势。她喜欢参与一个体重训练的网络论坛，人们可以在那里与其他人交流并分享自己训练成就的照片。她经常以最优势的角度展示自己的训练姿势，展示她训练有素的肌肉。对于每张照片，她都收到了数以百计的赞，众所周知，"赞"是脸书上对别人表示喜欢的另一种形式。此外，我们可以通过分析得出，她为增加自己的粉丝付出了很多努力。所以我面对的是一个习惯于挑战自己极限的人，她有坚韧不拔的品质，习惯于获胜。但她也在不断地寻求认可，自我中心的个性特征显而易见。相应地，我将她设定为一个在谈判中需要高于常人水平的赞赏的人，一个将谈判视为竞争的人。因此，我必须给她创造出胜利的主观感觉。如果拖延谈判时间，令谈判进展缓慢，可能会让她烦躁、局促不安。此外，为了与其建立联系，我必须保留体育活动作为谈话内容的一部分，以创造共同话题，也可以反复使用有关体育的比喻，以稳定谈判局面。

由此可见，网络上的社交媒体平台可以为我们提供关于一个人的很多信息，我们可以了解到这个人如何看待自己的信息，同时也能了解到他希望别人如何看待自己。然而，仅仅利用社交媒体平台来了解我们的谈判对手是不够的。我们还应该试图找出，对方已经打听到了关于我们的什么信息？在谈判之前，我和他说过哪些话？发过什么样的电子邮件？他能从其他人那里打听到关于我、我所在的组织或谈判主题的什么信息？他是从谁那里打听到的？这个中间人是否已经就谈判的主题表达了自己的立场？如果已经表达了，他又是如何表达的？在哪里表达的？通过这种方法，就有可能推断出谈判对手可能对我有什么印象或产生什么样的看法，以及他在谈判中可能会带有什么样的情绪。

在评估对方的动机、希望和恐惧时，要涉及两个最基本的要素：痛苦和收益。在英语中这两个词非常押韵——Pain 和 Gain。那么，什么会让谈判对手担忧？什么会让他感觉痛苦？又是什么会为他带来收益？带来怎样的收益？这些问题都是掌控对手情绪的基础。

事实也证明，如果对手想要在谈判中采取主动，他也会在某个时刻以某种途径打听关于我的信息。为了在谈判前对所有相关信息要点进行概念性架构，我改进了谈判中经常运用的对手分析法，引入了移情法。移情法是已经被证明的有效手段之一。这适用于所有类型的谈判，不管谈判对象是老板还是客户。但是必须要注意的是，应该意识到，在这里所要准备的一切，只是假设，而不是被证实的结论。不能认为痛苦和收益的着眼点是一成不变的，必须在谈判中进一步去验证这些假设。因此，一定要明确的一点是：对谈判对手的分析只是一个初步准备的工具，在准备阶段形成的假设必须在谈判中去验证。

综上所述：为了做好应对对手的准备，第一要研究对手的人际关系（可借助网络平台获取公开的资料），第二是利用各种工具进行对手分析，第三是简析谈判的特点，即所谓的谈判特征剖析，详见下图。

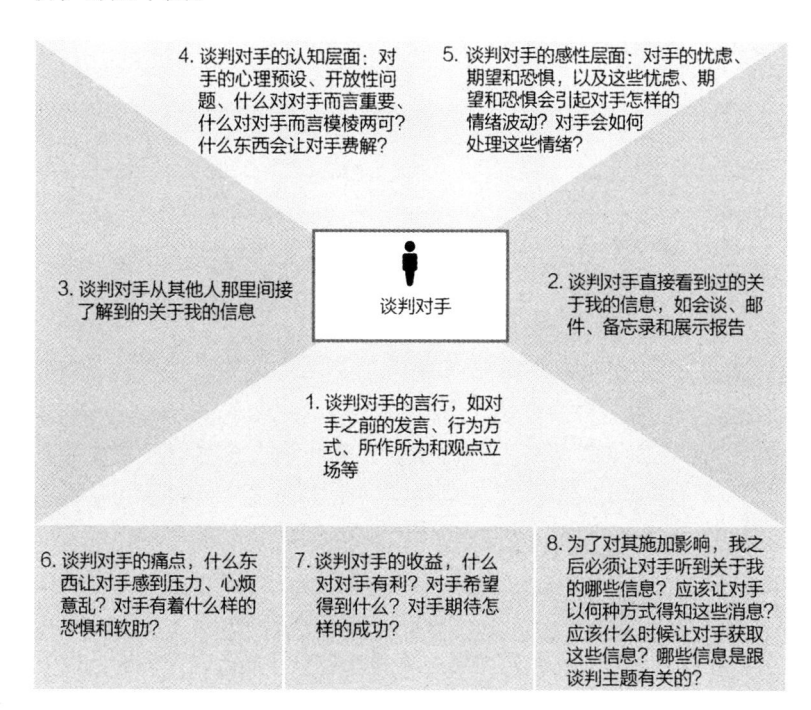

1. 谈判对手的言行，如对手之前的发言、行为方式、所作所为和观点立场等
2. 谈判对手直接看到过的关于我的信息，如会谈、邮件、备忘录和展示报告
3. 谈判对手从其他人那里间接了解到的关于我的信息
4. 谈判对手的认知层面：对手的心理预设、开放性问题、什么对对手而言重要、什么对对手而言模棱两可？什么东西会让对手费解？
5. 谈判对手的感性层面：对手的忧虑、期望和恐惧，以及这些忧虑、期望和恐惧会引起对手怎样的情绪波动？对手会如何处理这些情绪？
6. 谈判对手的痛点，什么东西让对手感到压力、心烦意乱？对手有着什么样的恐惧和软肋？
7. 谈判对手的收益，什么对对手有利？对手希望得到什么？对手期待怎样的成功？
8. 为了对其施加影响，我之后必须让对手听到关于我的哪些信息？应该让对手以何种方式得知这些消息？应该什么时候让对手获取这些信息？哪些信息是跟谈判主题有关的？

2．没有人是孤立的——对基本谈判环境的研究

就主要利益相关者而言，重要的是分析自己能否与其有直接接触，如果不能，自己的人际关系中谁可能有这样的机会。此外，重要的是要明确对手可能有什么需求，以及该如何利用这些需求为自己服务。在人质劫持事件中，我经常与中间人谈判，而不是与实际的劫持者谈判。没有这些中间人，谈判有时甚至无法

进行，但重要的是查验好中间人的身份并且获得中间人的信任。

因此在大型的谈判中，要大致了解谁是能够对谈判产生影响的主导者，了解他们的目标、利益所在和其面临的挑战，并且要清楚地意识到谁负责与对方进行联系，确保这些联系是有反馈的。因此，我推荐可以采取以下五个步骤：

（1）列出任务清单。列出我方和谈判对手一方所有可能对谈判结果感兴趣的人。
（2）建立主要人物的个人档案。尽可能多地收集信息，如社会关系网，并建立关键人物的档案。要考虑到以下几点：个人性格、怪癖、嗜好、兴趣爱好、教育背景、不好相处的地方和讨厌的事物。
（3）调查清楚相关人员的社会背景和个人影响力：相关人员扮演的角色；有可能影响谈判的计划、进程和结果的因素；相关人员之间的沟通过程；对你/你的组织/你的产品的好感或反感因素。
（4）个人利润表。想一想，谈判成功或谈判失败对相关人员来说可能意味着什么（这里也可以使用对手分析的办法）。
（5）相关人员的沟通/关系的建立。在步骤（3）里调查的好感度与反感度的基础上，研究在反感值高的情况下，究竟可能是什么触发了这种不满情绪，想一下采取什么措施才能减少或积极地化解这种不快，也可以将那些潜在有高好感度的人变成自己的支持者。此外，在此基础上进一步确定信息渠道，通过第三者传递必要的核心信息。

当然不需要为每一次谈判都做如此彻底的准备。但是，如果对谈判非常重视，还是建议准备周全。

在谈判中，外围环境也发挥着重要作用。在这里，"外围环境"是指还有谁在与我以及我的谈判对手竞争，简而言之：还有谁在同一个鱼塘里拿着钓竿？假设你要买一辆车，你所选择的经销商位于一个商业区，那里有好几家汽车销售商。如果你有意购买某个目前风评很差的品牌，比如2017年夏天出厂的××汽车，那么你已经手握两个可以给经销商施加压力的筹码：一方面，作为顾客，在短时间内有大量其他厂家可供选择；另一方面，对目前负面评价较差的汽车抱有兴趣，这可能会争取到较大幅度的降价。如果你打算一次购买几辆车，并且你从媒体上得知该经销商目前经营状况不好，你应该把所有这些信息纳入准备工作，并在价格谈判中充分加以利用。

此外，可以进一步分析，是否已经与有意进行商业合作的公司建立起相互依存的关系？你们之间还有其他合同吗？是否前不久终止了某个合同？是否有其他谈判在同时进行？所有这些都是应该事先检查和探讨的事项。在这个过程中，要考虑到谈判所处环境的复杂性，应谨慎地利用媒体的信息，同时还必须仔细观察谈判对手并研究其所处的整体情况。比如对方的公司是否跟员工之间进行薪水谈判，并且因此上了新闻头条，从而削弱了公司的声望？该公司是否出现过交付延期或质量缺陷？是否有雇员或许已经因此被解雇？抑或是重要人物自己辞职离开了公司？所有这些都会影响到谈判的进行。

谈判的参与者之间是彼此相互依赖的，这种依赖对谈判有着很大的影响。面临不同的谈判环境不能都以同样的方式行事，而必须单独调整行动策略。对于不同的谈判，没有一张统一的规定好各个细节的图纸；但有普适的基本行动架构，从而能够在所有情况下按照以目标为导向的方式行事。

3. 我想要……——如何定义自己的目标

如果不知道想去哪里，也就不会到达——道理就是这么简单。看到这里你可能会反驳道："我清楚地知道，我想要向老板提加薪、想要买一辆中档车、想要吞并竞争对手的公司。"但很少有人能足够具体地制定自己的目标：工资的增长具体是多少，是增加多少欧元，还是提高百分之几？何时开始涨薪水？大多数人对自己的目标保有模糊不清的态度。他们觉得工资应该会比现在高"很多"，或者在这一年中，工资差不多会增加。然而真正的目标总是特定的，即具体的、不含糊的和精确的。目标绝对不是一个模糊的愿望。它是精准可测量的，而且是可实现的。雄心勃勃的目标会对我们提出一定挑战，但它绝不能超出实际，目标必须是可以实现的。正因为如此，我们需要仔细观察、研究周围的环境。

谈判目标在数量和范围上必须具有挑战性，但要现实，不能太苛刻。此外，大多数人很少或几乎没有考虑到在什么时候结束谈判比较好。因为他们认为，不结束谈判可能会取得比目标更好的结果。然而，界定何时停止谈判是极其重要的，清醒地意识到撤退的路线可以稳定自己的信心。但是，正如购房的例子所示，这条退路及其走法也必须事先与自己的利益相关者说明白，让大家都清楚何时该结束谈判。如果那位父亲事先与家人说明，无论房子有多好，都不能超过一定的经济限度，也就不会出现上述那种情况。

这适用于每一种类型的谈判——无论是买车、加薪还是政治谈判。那些没有商量好，没有事先与谈判团队确定在必要时要中止谈判的人，就会在谈判中迷失自己的初衷。然后，为了不让谈判失败，他们通常会做出极大的让步，在这个过程中一步步偏离自己的目标。这就增加了谈判走向预料之外，甚至变得让人束手无策的风险，这是最开始绝不想要的结果。因此，必须意识到，在每一次谈判中，总是有一个点特别适合结束谈判，如果不在这个节点结束谈判，就会产生糟糕的后果。

这种选择一个节点停止谈判在业界被称为"谈判协议的最佳选择"（Best Alternative to a Negotiated Agreement，BATNA）——必须事先明确了解这一点，否则谈判的结果就会让我们"没得选择"，只得同意任何结论。而它的后果，只有在将来才会痛苦地显现出来。反过来说，谈判对手当然也有他心目中结束谈判的时间节点，一旦到了这个时刻，哪怕什么也谈不成，他也不会硬着头皮达成协议，这时哪怕没有结果也未尝不是一种更好的结果。如果双方结束谈判的节点相距太远，那么双方都无法取得满意的结果。一个想将自己的二手车卖出至少 2000 欧元的卖家，决不会与一个最多只想花 1000 欧元的买家做生意，这样的谈判从一开始就注定要失败。

如果卖方希望至少卖出 1000 欧元，而感兴趣的买方希望最多花 2000 欧元，情况就不同了。在这种情况下，两个目标之间有着 1000 欧元的空间，在这个空间内都有可能达成协议。这被称为"可能的协议区"（Zone of Possible Agreement，ZOPA）。在这个区域内，摆锤可以更灵活地摆动，有利于谈判的一方或另一方，但最重要的一点是：对所有参与方而言，有结果比没有结果地结束谈判要好。例如，如果双方同意以 1700 欧元成交，卖方会很高兴，因为这个价格比他的最低期望值高出 700 欧元。而且买方也可以感到满意，毕竟价格仍然比他的最高预算低 300 欧元。

（1）从点到区间。因此，我们必须意识到，目标不仅是一个点，而且很可能是一个区间。谈判最终意味着你必须保有行动的余地，为此需要备份多种抉择，但同时也意味着哪一方都不能独自决定，因为每一方总是依赖于某人或某事。这有积极的一面，也有消极的一面。积极的一面是：某个人和我们坐在这张谈判桌前一定是有原因的，无论他的行为多么不理性，他都有他的需求，这就是他和我们谈判的原因。消极的一面是：我们也依赖他，否则我们也就不会坐在那里。很显然，从这种局面可以看出，人不可能独自决定谈判中的一切。想要丝毫不打折扣地推进自己的目标，这种想法是荒谬的。而这就是为什么人们需要一个目标区间，它能够给我们必要的灵活性。当我们事先明确了最高的要求和最后的底线是什么时，目标区间就形成了。后者标志着我们到了该结束谈判的时刻，再不结束就会使谈判走入死胡同。

（2）目标的三种类型。除了所谓的事实性目标，即与成本、时间相关的目标，还有两种目标是在谈判时应该考虑的：关系目标和过程目标。

在当今世界，无论是在职场还是私人生活领域，通常情况下，我们与一个人或一群人的谈判不是只有一次，而是经常性发生的。这样看来，眼下发生的谈判通常是后续谈判的前奏。假如我们在南美洲与那些以绑架为职业的人进行谈判，即便参与的是不同的绑架案，但和我们打交道的却是同一批人。因此，即便是解救人质的谈判，通常也不会只是进行一次。

谈判准备工作中要设定的一个目标可以是，也应该是以尊重和赞赏为前提与谈判对手建立关系。重要的是要建立长期的信任，从而创造和巩固我们以及我们所在组织的形象，以便建立双方的信任，在将来的谈判中取得成功。反之，破坏彼此的信任，伤害对方和蔑视对方的行为会导致关系永久破裂。可以想象，这对未来的谈判会产生什么样的负面影响，也可能在将来造成无法挽回的损失。谈判的一般规则是：如果双方出现了摩擦，或者已生嫌隙，务必要在谈判前澄清。

关于谈判的进程也需要设定一些目标，比如关于谈判的持续时间，可以将其设定为几分钟、几小时或几天，但不一定非得如此，有的谈判也可能需要很长的时间。无论是短期还是长期的谈判，都应该考虑到谈判过程，这包括敲定议事日程。议事日程决定了谈判中要讨论的内容，以及回避哪些内容。谈判的议程设置得明确，就能对谈判内容有所掌控。如果放任别人把他的议程强加给我们，我们的谈判重点可能得不到重视或者被忽略。亲自设置议程才能使我们处于谈判的主导地位，在某种意义上，议程是谈判中控制方向的舵轮，同时它也是一个容易送予他人之手的舵轮。请不要轻易地将其拱手相让，那会使我们失去对谈判的掌控。在事先的准备工作中，就要想好以什么样的顺序进行什么谈判内容。

必须清楚地知道想在什么时候实现哪些谈判目标。因此，必须提前在内容和时间上确定好每一个谈判目标。这也需要明确好交际目标和核心信息，即在谈判前、谈判中和谈判后想要沟通的主要内容，因为谈判总归是一个交际的过程。对谈判有影响的不仅是谈判桌前的对话，在谈判桌以外进行的沟通以及透露出的信息也同样发挥着作用，甚至通过第三方传达的信息都会对谈判产生影响。这包括让对手有一种胜利的感觉，因为越是减少自己的虚荣心，就越能成功地实现谈判目标。

在确定谈判目标时，也应该预估到将要进行多少轮谈判，以及是否可以利用对方的某些窗口时间。例如，谈判对手是否想在新闻发布会或股东大会上公开谈判结果？那么自然可以利用这个时间点来制定策略，只要对方在其他方面答应我们的条件，便可以向他保证能如期地召开新闻发布会或股东大会。相反，也可以使用拖延战术，让谈判对手处于压力之下，迫使他做出让步。由此可见，时间就是力量。

例如，就严重的罪犯而言，可以先试图确定他们是吸毒者还是非吸毒者。毒瘾会影响审讯的时间长短和审讯策略。就绑架犯而言，可以尝试弄清楚他们最后一次获得食物的时间。这个日期离现在越久，食物在谈判中的重要性就越凸显。这是因为饥饿的时间长短可以突然成为谈判的一个筹码。此外，疲劳因素也可能起着决定性的作用。而在海外的绑架案中，气候条件也可能至关重要。例如，当雨季即将来临或天气的季节性变化威胁到现有的情况时，就有必要重新安置人质，此刻我们的时机就到来了。当然，这对劫持人质的罪犯来说也有风险，因为转移人质的途中他们可能会被发现。通过这些例子，我们就能认识到时间因素的重要性。时间因素在租房或卖房时也同样重要，如果房东知道他潜在的租客已经在四处打听住房，着急入住，那他就可以利用好这个时间因素来谈一个对自己有利的价格。如果一个售房者了解到一个想要买房的人，已经将自己原有的住房卖掉，而且需要在几个月内找到新的住处，那他也同样可以利用好这个时间因素，将自己的房子卖个好价。

不管是什么类型的目标，都要始终让自己的目标尽可能明确，尽量使其量化。这两点都会帮助我们掌好谈判这艘大船的舵，不让它偏离航道。此外，要确保目标是切合实际的、可实现的，乌托邦式的目标无法带来满意的结果。预设好每个目标的实现时间点，并利用好时间因素的力量。最后却是最重要的一点：要清楚地知道想做什么，以及如果没有实现目标会发生怎样的后果。

4. 我还想要更多——需求的结构和分类

除了目标，我们也必须明确"需求"的定义。虽然，目标也包含需求，但不是所有的需求都同样重要。最重要的核心需求不能超过五个，也可以将这些需求定义为目标。此外，还应该列出足够多的其他要求。这些所列出的其他需求也很重要,但重要性不及之前定下的三到五个需求。谈判者应该尽可能地多想出一些需求,我总是建议为每个谈判过程拟定至少 15 个需求,同时,最好是按照以下三层原则对它们进行分类。

> **硬性需求**
> 指那些有着重要意义的需求。

> **弹性需求**
> 指那些容易处理并且可以稍微让步的需求。

> **假性需求(愚人要求)**
> 指没必要不惜一切代价去满足的需求,这些需求是为了掩护我们真正的目标,扩大谈判的范围或放烟幕弹。

除了硬性需求以及弹性需求(即那些我们很想实现的需求,以及那些我们有做出让步的意愿,并且容易谈成的需求),还应该想出和制定假性需求。假性需求是不必满足的需求,对我们的最终谈判结果没有影响,它只能作为烟幕弹。可以将其引入谈判,以便提供讨价还价的筹码,或让对方主观上感觉自己似乎谈成了某些结果。经验表明,在大多数谈判中,如果非常清楚自己想要什么,就会更容易提出硬性需求;涉及提出弹性需求时,就困难一些了;而更多人发现,制定假性需求比前两项都要更加困难。

因此,应该事先对所有可能在谈判中发挥作用的问题考虑周全。从这些问题中就能发现我们的实际立场是什么,从而明确主要的诉求。在这个过程中人们也会意识到，在所谓的交易风暴（Trading-Storm）中出现的许多问题对我们来说并不重要，但是对对方而言很重要，或者借由这些问题，我们可以洞察到对手的立场是什么。

要研究对手的立场是什么，有些立场很容易就能搞清楚。有时甚至可能觉得，对方的许多需求，对我们而言不是什么问题，可以不假思索地接受。然而我们却有意地采取了拒绝的态度。这又是为什么呢？因为俗话说得好：不花钱的东西不值钱！这条规则也适用于谈判。但我们应该意识到它背后的道理。当然，这和心理学有很大关系。

假设你要买一辆车。你决定买一辆二手高尔夫，想要一辆车龄一年左右的车，最高预算是 25 000 欧元。在理想情况下，最好以 19 000 欧元的价格成交，因为这个价格将完全符合二手车车况评估清单中的信息。然而，二手车的评估清单通常不会参考附加的专用装备或其他功能的费用，因此价格信息通常只能显示一个基本价格参数。在辗转于多家汽车经销商之后，你终于找到了心仪的车，而且它的附加设备正是你梦寐以求的！它的颜色也是妻子喜欢的，有运动型座椅和集成导航系统。简而言之：最初心中设想的功能它都具备。但是，快乐总是伴随着一丝苦涩：价格标签上写着 27 000 欧元，由于你的预算最高是 25 000 欧元，这就比忍痛剁手的上限多出 2000 欧元。除非明智地进行谈判，否则真的买不起这辆车。

你看了看车，表示对这辆车有兴趣。卖家已经注意到了你，你和他说 27 000 欧元太贵了。当然，汽车经销商计算过了，他也不认为这辆车会按照标出的价格成交。所以销售人员问道："您能给出的最高价是多少？"当然，25 000 欧元的定位已经是我们的绝对极限，不想突破这个价格上限，所以你回答道："22 500 欧元。"汽车经销商看着你，微笑着说："跟我来签字吧，这是合同。"你跟着他，心里却感到不安，因为这个过程太容易了，最后在回来的路上，你意识到：价格标签上明明标着 27 000 欧元，而你要求的 22 500 欧元立即就被接受了。从这一点上只能得出一个结论：这 22 500 欧元比卖家实际估计的要多得多。你开始怀疑，这可能是一辆"残次品"，你猜测它也许之前出过事故，是受损车辆，总之肯定有哪里不对，你感觉被骗了。因此，主观上你就将谈判结果笼罩在负面情绪之下。

现在让我们重新设想下可能出现的另一种情况。价格标签上还是写着 27 000 欧元，经销商问你愿意付多少钱。你答道："22 500 欧元。"但这次经销商说："不好意思，这不够。"然后，谈判过程开始了。你们讨价还价几个回合，最后还是无法统一意见，没有结果。两三天后，双方终于同意以 24 300 欧元成交。价格比原价低 2700 欧元，刚好低于自己的上限。与之前描述的情况不同，现在你将坐在自己的车里，为你节省了 2700 欧元（相当于少付了 10% 的车价）而沾沾自喜。你将成交价控制在最高预算之下，尽管在主观感受上是愉悦的，但是与之前的情况相比，这次你实际上付了更多的钱。

我们已经看到了问题的所在，谈判结果的好坏总是伴随着个人的主观意识。比起作为礼物送上门的东西，我们的大脑更看重我们通过努力取得的结果，更重视我们克服明显阻力后取得的成绩。在谈判中，我们也得利用大脑的这种主观评价机制，得好好利用那些看似对我们无关紧要的需求，不可以轻易地放弃这些需求。在面对谈判对手时，这些需求也是有价值的。凭借这些需求我们也许可以和对手建立更好的关系。当然，这些只有在事先考虑得足够多，提出足够多的需求并对需求进行相应的分类时才会奏效。要清楚：有多样的需求才能使我们在谈判中侃侃而谈。如果没有准备任何需求或只准备了少量需求，在谈判中就会无话可说，从而无法采取行动。这听上去十分符合逻辑，难道不是吗？然而，不幸的是，在谈判准备工作中，人们一直忽视如何有效地提出需求。

5. 专业和业余团队——团队组建规则

让我们回到第二章开篇的劫持人质案件：

我们仍在等待与劫持者取得联系，幼童仍处于他的控制之下。我们已经在街对面的公寓门前按了无数次门铃，那个愤怒的酒鬼父亲就躲在那里。打过去的电话每次都是无人接听。我们开始担心，因为仍然没有看到孩子和劫持者的生命迹象。

救援小队的工作一丝不苟地进行着，每个人都知道该做什么。当谈判员迫不得已再一次报告"仍然无法接触"时，谈判专家大喊一声："给我扩音器！"他径直走向街对面的走廊，戴上扩音器，开始向劫持者喊话。与劫持者进行接触意味着赢得控制权，因此与他进行谈话才如此重要。谈判专家介绍了一下自己叫什么名字，并说："我想和你谈谈，在电话里说还是在这里说，你选一个吧。"

现场死一般的寂静,我们只能等待,但是没有反应。谈判专家又试了一次:"我现在就给你打电话。电话响了,你接起来,电话的另一头就是我。"我们拨打了电话,但仍是无人接听。所有人的耐心都在经受着考验,谈判专家不得不再次使用扩音器。谈判专家开始运用"标签效应",如同行话里所说的那样,表示同情对方,并从对方的角度展现自己也有类似的情绪,表达出自己的感同身受。

"看来你很担心与我们接触。也许你害怕被送进监狱,或者害怕我们会伤害你。请允许我们与你谈话。我一会儿还会再打进来一次电话。"谈判专家这样说道。

就这样僵持了两个半小时,每5分钟打一次电话,慢慢地天开始黑了,这使情况变得更加糟糕。再过半个小时,天就完全黑了,谈判的条件已然发生了巨大变化。由于该居民点有天然气供应,特种部队已经切断了电力供应。而且我们害怕万一劫持者家里的液化气罐被点燃,引发一系列爆炸。但电话也可能与电力相连,当时,大多数人还在使用非电池供电的固定电话。劫匪使用的是能充电的大哥大,但我们不知道他的电池是否还有电,或者他是否需要用电。是否应该冒这个险,给房子重新供电?但供电的同时相当于增加了把电力系统变成潜在火源的危险。在与公共事业部门协商后,我们决定为该公寓重新通电;不得不放弃只向客厅供电的计划。此时我们仍然不知道孩子的情况,也不知道劫持者情况如何,以及他在计划什么,他和孩子在哪个房间。与此同时,特别行动指挥部成员已经从房子屋顶上爬了下来。他们想尝试安装一台照相机,想给我们传输公寓的照片,然而该计划却并不奏效。但人质劫持者显露了生命迹象：他把百叶窗放了下来。

我们开始警觉，他这样做是为了密封一个房间吗？他是否想确保液化气罐里的气体真的足以引发爆炸？因为整个房子的空气也许会把气体稀释得太厉害。然而，如果在一个密封的房间内，这种混合物很可能爆炸。丙烷气体的体积占空气的百分比为2.12%~9.35%时，其混合物足以引发爆炸。

技术人员已经在邻近的公寓中就位，他们试图通过插座将摄像头送入劫持者所在的公寓。能试的方法我们都试了，但还是没有用，没有图像，没有联络，没有消息。谈判专家再次拿起了扩音器喊道："你需要什么东西吗？你还好吗？"尽管我们最担心的是孩子，但我们故意不问孩子的情况。我们想让劫持者在他高度紧张的情况下感受到，他自身的需求和感受对我们来说才是最重要的，从而让他看清楚，因为这个孩子不是他亲生的，所以只被单纯视为一个物品。我们又拨通了劫持者公寓的电话，这一次有人接了电话，但是电话的另一头一直保持沉默。

如果不是单独进行谈判，而是与团队中的几个人共同参与谈判，就更应该明确将由谁承担哪些角色和任务。被自己人突然打断谈话，没有什么比这更不利于谈判的了。由于谈判团队内部事先没有协调一致，这种善意的干预在许多谈判中往往会把优势变成劣势。如果在团队内部有不同意见，并且谈判桌上连对方都发现了这一点，那么这种干预的破坏力会更大。如果想要在谈判中发挥团队合作的优势，你需要与你的团队成员准确商定在谈判中什么时候该讨论什么内容，以及每个人的角色和任务。

如果任务可以分配，哪怕谈判团队只有两个人，也应该将任务分配好。有一种谈判模式适用于不同规模的谈判团队，无论这个团队只有两个人还是20人甚至更多人。该模式基于联邦调查局原首席谈判员弗雷德里克·兰斯利（Frederick Lanceley）的思想和原则，他专门为危机谈判研发了此模式。德国谈判顾问马蒂亚斯·施汉纳（Mathias Schranner）已经将其用于商业领域。该体系被用于专业的采购和销售团队的谈判、政治谈判，甚至用于跨大西洋贸易及投资伙伴协议谈判（Transatlantic Trade and Investment Partnership，TTIP），该体系的设计正是由于谈判中存在各种不同级别的冲突。

不要忘了：在谈判中坐在一张桌子两头的双方代表着不同利益。他们各自为政，有着不同的依存关系，但又相互依赖，虽然代表不同的立场，但仍想得出一个结果。有时，现实问题会影响到情绪，因此，保持双方拥有稳定、良好的关系很重要。而且，因为在谈判中有许多事项要进行，那么最好同时由几个人分工，这些不同分工的各个负责人也应该知道他们必须承担什么责任，并且团队中的每个人都必须承担同样的责任。因此，一个协调良好的谈判团队知道谁要做什么以及何时做。相反，一个不协调的团队的反应往往就像把球扔向一群小孩子：每个人都在同一时间撒开腿，试图去接球。在分工混乱的谈判团队中，每个人都想对所有事情说些什么，而实际的谈判者，如果这个团队有的话，则永远失去了他的主导地位。这个谈判团队无法抓住一个话题的主线，或者突然开始对本不想要的结果展开讨论。更何况这个团队还可能会提出一些人们实际上不希望在谈判中提及的话题。在这种情况下，这个团队不可能取得好的结果。

如果谈判是足球赛的话，我希望你的"球队"比赛能闯入最终的"冠军联赛"，而不是止步于"足球童子军"。在德国甲级联赛或欧洲冠军联赛中，每个球员都清楚自己的位置在哪里，每个人都知道自己的任务。除了了解自己是在进攻还是在防守外，还要明白自己需要占据球场上的什么位置，什么时候需要有队友接应。

这种清晰的分工也适用于谈判团队。我要介绍的这个概念不仅可以用于危机谈判或特殊行动，在商业和政治谈判中也可以发挥作用。它可以用于多人参与的谈判，一旦发生冲突，可以由不同的成员去缓和态势。它设置了谈判中的三种身份：两种是关于在谈判桌上的身份（因此它也是从一方的第二个参与者起才开始发挥作用），第三种身份在谈判桌外。谈判桌上的两种身份需要完成的任务被称为谈判的执行和谈判的掌控。实际的决策人在谈判桌外。当然，这个概念还可以扩大和延伸。人们可以在合适的时间点纳入其他人员。会议记录员、专家（律师、经济学家、科学家）、观察员甚至解析员，他们在大型谈判中发挥着越来越重要的作用。然而，有一条基本原则必须始终遵守——数量不等于质量。因为每增加一个参与者，就可能增加一个犯错的人。想要降低大家犯错误的概率，就要进行精心的准备，让所有人团结一致。因此，在谈判桌上恪守规则显得至关重要。

明确发言的是谁和谁应该发言就是其中一条重要规则，因为不是每个人都能在适合的时候发表意见。同样重要的另一条规则是不要在谈判桌上乱说话。由谈判掌控者确定每个人该说什么。要消除人们心中的一个误解，人们往往以为谈判执行者是团队中的最高领导，这是不对的。谈判中的最高领导往往是谈判掌控者，他们把握谈判导向，介绍谈判情况，欢迎与会人员，介绍谈判议程，然后把接下来谈判如何进行的主导权移交给谈判执行者。这种交接不一定是刻意的，也可以在谈话过程中自然发生。虽然谈判执行者在地位上逊于谈判掌控者，但谈判执行者在谈判中发言最多。他们用问题引导谈判，逐步地提出要求；在谈判中质疑对方的立场，通过精确运用术语分析对方的动机；规定自己的团队中谁可以额外发言。

谈判执行者的脑子里始终有根弦，他们知道在什么时候需要做什么。在与谈判掌控者协商后，他们构建了整个谈判过程，始终如一地引导着谈判，并基本上都会关注对谈判成功至关重要的两点，这两点就是已经与谈判掌控者讨论过的概念和动机，他们会注意及时对这两点进行总结和确认。在这两种情况下，对谈判执行者来说重要的是从对手口里得到一句"是"作为肯定的回应。他们在整个谈判过程中的任务是不断分析，并用问题引导谈判。谈判执行者必须密切关注整个谈判的战略和战术。形象地讲，他们看到的是整片森林，对于每棵单独的树木，都有各自的专家，他们知道哪个专门的人负责哪棵树。即便身处压力中他也得在谈判中保持冷静，同时出于战术上的考虑，要在行动上赋予他们一定的灵活性。如果战术上有必要，他们也可以表现出情绪。但是要小心，这种行为方式的改变也有可能对双方本来良好的关系产生影响。要始终记住，尽量以一致的方式引导对手完成谈判，尽量对谈判有一定的控制，但也要抱有同理心。

谈判执行者区别于谈判掌控者的另一个地方在于，谈判执行者可以被替换。然而，这样的改变只应出于战术上的考虑。在一些谈判中会事先指定多个谈判执行者，然而，这些通常只是在大型的谈判中出现。重要的是，他们在能力和资质上要旗鼓相当。这样就有可能为谈判的每一个环节指定一个专门的谈判执行者。但是如果谈判执行者和他的对手无法有效沟通，或者偏见太多，也可以更换其他谈判执行者。谈判掌控者必须能够及时发现这一点，并相应地变更谈判参与人员。

尽管谈判掌控者和谈判执行者的任务不同，但有些活动是明显重复的。如果谈判执行者在紧急关头忽略了某些任务，谈判掌控者也可以承担其职权范围内的任务。比如对谈判条款、目的或谈判结果概括得不准确，或者其中有被忽略的地方，谈判掌控者有责任对其进行纠正。当然，谈判掌控者本来是团队中领导的角色，他们不需要一直参与对话，这样他们才能有更多的机会去倾听和观察。谈判掌控者应尽力去支持谈判执行者，确认谈判执行者所说的结论没有问题。如果在谈判对手的陈述中出现矛盾阐述，谈判掌控者应从旁提醒谈判执行者注意到这些矛盾。

在谈判过程中，谈判掌控者应该关注整体的谈判战略。在谈判时人们是想带着更大的压力进入谈判，还是说这是一场时间的游戏？是否有某些观点是你在一定时间后有意想要放弃的？谈判掌控者应注意之前定好的谈判策略，始终关注谈判是否按照之前讨论好的谈判议程在进行，并且关注之前定好的各个时间点。谈判议程中的每一个项目的讨论时间不必向所有人透露，但必须确保对自己而言重要的议题得到了足够的讨论时间。谈判掌控者还需确保团队遵守谈判纪律。如果在谈判过程中，他们注意到某个团队成员的发言超出了分配给他的任务范围，或者情绪不受控制，则需要在中场休息时进行处理。在极端情况下，还应更换相关谈判人员。

反复重申谈判达成的共识也是谈判掌控者的任务，如已经取得的成果或行之有效的议题。对谈判掌控者本身而言，当他们注意到自己开始冲动，情绪占据上风时，也需要安排谈判中场休息。他们需要始终关注谈判议程和时间。谈判掌控者不可以直接参与谈判，应该把更紧密的交流留给谈判执行者。只有在结果得到保证，但在关系层面出现危机时，他们才应主动参与进来。

谈判掌控者的角色最好由已经在谈判中积累了大量经验的人担任。如果谈判陷入僵局，就要由他们来掌舵，带领团队走出僵局。缓解局面需要谈判掌控者第一个出面应对，因此，这的确不是一个初出茅庐的人能胜任的职位。

特种部队在处理劫持人质问题上就采用此方式。有经验的谈判掌控者负责支持谈判执行者，但是他们不直接参与谈判，而是在幕后倾听并进行引导，只有在紧急情况下才会干预谈判。

还有一个职位不出现在谈判桌前，那就是谈判实际的最终决策者，这通常是一个来自公司管理高层的人。决策者应该出席并参与战略的制定以及确定谈判的目标和要求，但他们不会出现在谈判桌前。一旦确定了对手，决策者的主要任务就是与对手的上级在关系层面建立联系。这不仅适用于公司之间的商业谈判层面，也适用于处理各种政治谈判中的案例。如果谈判局面出现了升级，而现有的手段不起作用，那么就需要有人来进行降级处理。如果谈判陷入僵局，仍有可能通过高层的介入和斡旋使谈判继续下去或者使谈判最终达成一个结果。但是，这位上级决策者的声誉必须事先没有受到过损害，他不能事先在谈判中露面，也不能在谈判桌外做出任何让步。发生危机时，决策者必须表明，整个团队是在他的完全授权下行事，并享有他百分百的信任，决策者享有最终决定团队下一步行动的权利。因此决策者远离谈判桌就显得格外重要。在谈判掌控者之外，决策者是处理危机局面的第二层保险，是使谈判顺利结束的最后机会。

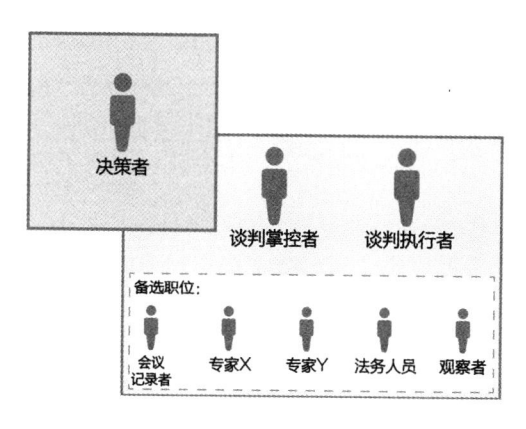

6．心理建设——胜利从心开始

中国名将、《孙子兵法》一书的作者孙武曾经说过："上兵伐谋，其次伐交，其次伐兵，其下攻城。"想法决定行动。一方面，我们在谈判前的想法对谈判的成功与否起着决定性作用。想法也决定了我们的临场发挥。我们从体育运动中或多或少都知道这一点：如果一个运动员设想他的膝盖在大跳中是否能撑住，对方实力与自己队伍实力相比是否略胜一筹，对手的装备是否更加精良，以至于他实际上有没有机会赢得比赛。如果他是以这种心态去参加比赛，这将对结果产生负面影响。精神状态对成功至关重要。认真准备谈判也是优化精神状态的一个重要方面。

另一个重要方面是预先假设。设想一下，假如以消极的心态参与谈判，可能就会这样想：谈判对手更精通语言的运用，比我们高明；他总是清楚自己在做什么，会用情绪来影响我们，并可能将我们拉下马；他是如此自信，总是让我们觉得他更加强大；而每当这个时候，他就会出人意料地使出撒手锏，让我们措手不及。如果带着这样的心态参与谈判，就会无形中使自己在看待事物时多一层滤镜，透过自己设置的滤镜，就只能感知到符合这些预设的东西，甚至不会注意到对手可能略显紧张。透过滤镜，对手的气场充斥着整个房间，我们会被震慑住，不会意识到对手也有处于压力之下和感到窘迫的时候，只是在等待对手接下来会用什么妙计赢得胜利。在整个过程中，我们会觉得自己先入为主的观念——得以确认，在谈判中只会表现得更加糟糕。上述情形是一个自我实现自己预感的典型案例。

然而，这种不利的影响也可以转变为积极的影响。因为负面作用的事物也可以为自己所用从而变得对自己有利。消极的成见会使我们感到无能为力，积极的观念可以使我们建立自信。如果觉察到对手来到谈判桌前时垂头丧气，那么对方也会注意到我们的自信。此外，不自信也很容易从声音中解读出来。如果用磕磕巴巴、支支吾吾的声音提出要求，就会显露出我们在担忧地等待对手会作何反应，透露出不仔细之处，那么这种声音只会消解己方气势，助长对手气焰。

如果你在电视上观看过高山滑雪比赛的转播，那么一定会注意到，顶尖的滑雪者在比赛开始前会闭着眼睛站在起跑线边缘，在心中模拟一下滑雪道的情景。你觉得他们会害怕最危险的弯道吗？他们会想象自己在那里跌倒吗？不，他们在心中以最佳状态完成比赛，他们也会在脑海中多次演练如何成功下坡。所有运动员都会这样做，而作为一个谈判者更应该这样做。

强化锻炼精神力量，准备好如何设置"锚"，也就是说，如何提出要求，并于无形中影响对手的决定（本书后续会更详细地探讨这个问题）。准备好如何预热并提出自己的要求，设想一下如何处理反对意见，如何一步步通过提问引导谈判，在脑海中演练每一步准备工作，以及每一个谈判步骤，让自己准备好去迎接最好的结果，预想成功的滋味。

然而，"我可以做到"的成就感，绝不能与过度自信混为一谈。因为如果在无法做到心中有数的情况下就高估自己，那么这种过度自信很快就会在谈判桌上的压力下土崩瓦解。自我效能感是一种信念，即我们必须对所获得的或未能获得的成绩负责。过度自信会导致傲慢从而轻敌，并将所有责任归咎于外部环境（如"我没有时间准备……""另一个人没有公平竞争""我没有了解所有的信息……"，等等）。那些拥有强大自我效能感的人知道如何准确地评估自己。他们知道自己的长处，也因此会把自己视为成功的原因。但他们也知道自己的短板，不会将责任推卸给别人。

一方面，强大的自我效能感可以使我们在谈判中不自卑。因为自卑感会立即引发一系列反应。当大脑发出信号说我们低人一等时，人类的本能逃避反应就会启动，此时血液会回流到身体中心的内部器官，这样我们在受伤时就不会因失血过多而亡。这种机制很是巧妙，但在谈判桌前谈判可不同于与猛犸象作战。而当血液回流到身体中心时，我们不光会手脚冰凉，血液也会离开我们的大脑。我们的语言中枢会受到影响——说话磕磕巴巴，开始清嗓子，表述不清或语速过快，上述特征都是典型的感到不安的表现。

因此，派那些具有较高自我效能感的人去参加谈判是明智的。但是，即便他们已经具备了非常好的先天条件，也仍然需要定期对其进行训练和考核。没有强大的意志，任何谈判都不会成功。

怎么才能不感到自卑？海豹突击队是世界上最艰苦的特种部队之一，虽然听起来很矛盾，但他们接受最艰苦的体能训练，不是为了强化肉体，而是为了锻炼心理素质。他们有时每周只能睡5小时，或在冰水中忍受数小时，从而加强精神力量。他们的自我暗示十分有效。我经常在午饭后和学员一起做类似的练习，只不过没那么极端。我让他们举起手臂，扭动身体，直到不能再动。然后，我要求他们坐下来，闭着眼睛，记住他们不能动的那个点。紧接着，我让他们闭着眼睛重复这个练习，我告诉他们要在心中设想突破那个点。然后我让他们睁开眼睛，重复原来的练习。之后，每个人都能再多活动一会儿。由此可以看出，自我暗示还是有效的。

心理因素——谈判就是心理学

为什么这种自我暗示能起作用？是我们的大脑，或者更准确地说，是边缘系统在这里起到了作用，更准确地说是它在捉弄我们。

心理学在谈判中起着决定性的作用。许多人没有意识到这一点。即便我之前在研讨会和讲习班上讲过，辩论的价值通常被高估，但很少有人能正确或足够高地估计"心理因素"在谈判中的重要程度。事实上，从数据上来看，心理因素的重要性在整个谈判中能占到 70%~75%。人们听到这个数字通常会有两种反应：一种是皱眉，因为对某些人来说，心理暗示在谈判中占据如此重要的地位似乎是不可想象的；另一种是迷惘，人们面对这个数字会感到费解。毕竟这个数字动摇了之前人们脑中的固有想法，之前信念的根基摇摇欲坠。如果不用高超的辩论技巧，我怎样才能说服对手？如果不是我精彩的论据，那什么能带给我安全感？这样想的人心里通常会设立一个第三方——一个中立的人，这个人也决定了辩论的重要性。这样的仲裁者存在于法庭、选举、电视访谈中，但他们几乎不会在谈判桌前参与双方谈判。心理学是决定谈判成功与否的核心要素。当然，辩论在这里也有其位置，但这要看辩论的时机和利害关系。在错误的地方使用，辩论往往会成为失败的主要原因。想要使用辩论的方法需要额外准备。如果不遵守这一原则，将会直接导致灾难性的后果。

在德国，人们更倾向于考虑客观情况而不是考虑人际关系。人们笃信精彩的论点的力量，默念着"这些论点多么有理有据"，就这样大步迈向了谈判。我们提出我们的要求，用精心准备的事实论据来支持它，并很快意识到：这一切都不起作用，没有人愿意听。精心准备的论点就这样落空了。我们自以为最强大的武器竟毫无用武之地，现在不仅感到无助，而且完全没有防御能力。自我怀疑、恐惧或愤怒不仅在我们内心深处蔓延，更是直接显露在谈判桌前，其他人其实早就能够看到和听到我们内心的想法。之前的每句话都感觉胜券在握，而现在却开始支支吾吾，坚定的语气变得绝望并且没有底气，所以究竟发生了什么？

我喜欢把谈判的开始比作刚踏入一个黑暗的房间。人们带着目标而来，但不知道将要面临的是什么。首先，必须照亮房间，把光带进黑暗中。必须尽可能详细地了解对手的动机。要做到这一点，只有一个可行的方法：提出问题、仔细聆听、观察并不断询问。这听起来很简单，做起来却异常困难。因为很少有人能够不带有任何先入为主的想法就进入这个"暗室"，也很少有人愿意不带有任何预设就走进这个"暗室"，参与到谈判中。通过针对谈判对手进行深入的准备，通过分析对手在类似情况下的商业行为，我们自以为我们已经了解他的需求、动机、短板和立场。而这种所谓的了解使我们失去了对重要事情的敏感度：就是在当下去倾听、去感受对方真正想要的东西。好的谈判者必然也是好的听众，因为没有人会像对手自己那样告诉我们关于他更多和更重要的信息。只有当人们不带有预先假设、不带有先入为主的观念开始谈话时，才能成功地照亮"暗室"。

这是为什么呢？因为如果我们的头脑中已经有一些预设，一旦对手发表了自己的观点，我们就会把这些观点与我们头脑中先入为主的观念进行比较。在自以为准确的已有想法上打钩，考虑接下来该怎么辩论、怎么提要求，从而忘记了关注对方说话的本质内容。当谈判双方都提到一个概念时，他们要表达的真是同一个意思吗？我与对手在多大的范围内有着谈判的可能？在似乎正确预见了许多事情的胜利感中，人们忘记了应该在谈话中进一步确认对方的态度，而不是在头脑中把事情对号入座，应该通过问题来收集一块又一块的碎片，并建立起双方的共识。

一名优秀的谈判者不仅是一名优秀的倾听者，而且是一名娴熟的战略家，他不会带着要么全部满足要么就不谈的要求开始谈判，而是为自己的结果界定一个可接受的范围。通常而言，这不是做与不做的问题，因为结果总是充满着许多令人满意的可能性。如果我带着最苛刻的要求开始谈判，而事情没有按照所希望的那样发展，那么我的愿望最终只能落空，颜面尽失。而且，反观一下现实：我们几乎不会碰到所有要求都被满足的情况。只要我们在谈判桌前坐下来，就必须准备好包容其他人的要求。因为如果不给谈判留一些余地，那人们岂不是就可以自行决定？而当一个人自己可以决定一切时，也就没有进行谈判的必要了。

谈判也就意味着双方有兴趣找到一个解决方案，否则他们就不会坐在同一张谈判桌前。这适用于两家公司的合并，虽然其中一家可能比另一家小，也适用于与老板谈薪酬，甚至可能适用于交战双方的停火谈判。谈判双方实力相当的情况并不是很多,在我们看来,刚起步的企业对于想要接管它的公司而言就像襁褓中的婴儿,员工相对于强势的老板就像是微弱的灯光。但这种想法在谈判中是错误的。有两个错误绝不能犯:一个是过于自信,另一个是从一开始就不自信。无论你处于哪一方,不管是刚创立的公司还是行业巨头,双方都是平等的谈判伙伴关系。

这句话总是让来听我讲座的人或者是我的客户感到惊讶。一个拥有财力和资源的业界巨头比一个刚刚起步的公司更有优势,这不是显而易见的吗?不就好比雇员在老板面前一般都是低声下气的样子吗?恰恰相反:一个新成立的公司引起了业界巨头的注意,这证明它对大企业而言有着价值。大企业可能规模庞大,财力雄厚,而且拥有全球市场,但它恰恰缺乏创新性产品,而这样的产品正是只有像克鲁兹堡后院(Kreuzberger Hinterhof)[①]一样的团队凭借其能力和创造力才能研究和开发出来的。这正是一个有必要进行谈判的好理由,在谈判结束时,可能会签署有关营业执照出售和基础研究方面合作的协议。雇员的地位相对于雇主而言,并不是从一开始就处于下风。德国工人协会有首歌这样唱道:"当工人强大的臂膀发出号令时,所有的车轮都会静止。"当然我不是让大家一定要用罢工这么极端的办法,虽然罢工也是一种团结的象征。在个人工资谈判中,雇员最好能意识到,他在老板面前不一定要扮演低声下气的祈求者。涨薪并不是不道德的要

[①] 柏林克鲁兹堡的棚户区居民,自1990年开始在东柏林改造自家后院,作为群居区的聚会场所。可以进行聊天、喝酒、打牌等娱乐休闲活动。文章中借指一种质朴的、自下而上的改造创新形式,即刚起步的小企业所具备的创造力。

求，从雇员身上也可以反映出公司的价值观。

要弄清楚一点，大多数老板并不觉得自己在员工面前权势遮天。全面的劳动法规定是一方面，在员工身上的投资、进一步的培训、花费的时间等是另一方面。老板在公司的结构中扮演的领导角色和在客户群中扮演的对话伙伴角色都使他依赖于员工。有不满意见的员工如果将辞职的想法藏在心底，会对公司业务产生负面影响，会使得一家好公司失去主观能动性，并且这种行为会传染。某位员工因为加薪要求被拒绝而辞职，但他的表现有目共睹，在他离职后会在其他员工的情绪上留下影响：其他员工从他身上就能看见自己，从中推断自己以后也会有如此的处境，并开始变得不安。相信没有老板想看到这种结果。

每有一位员工离开，就必然会产生一个空缺，需要其他人去填补。在找到新员工之前，其他员工可能要加班，才能补上因为少了一位员工而增加的工作。此外，公司又要开始新员工的招聘，招聘到人以后还要办理入职手续。所以员工应该意识到，除非是必要情况，否则没有哪个老板愿意无缘无故地损失一位员工。当然老板会试图压制员工涨薪的需求，并运用自己的官威来做到这一点。在约定谈薪的当天，早上老板就带着一张暴躁的脸或者不打招呼地从员工面前走过，进而产生一种威慑力。员工害怕见到脾气不好的老板，于是相应地抱着绝望的心情进入老板的办公室。员工的肢体语言、声音等无一不在向老板发出他对涨薪不抱太大希望的信号，从这一刻开始老板的工作就很轻松了。员工没有提出原本预想的合理的薪资期望，而是相应地减少了数额作为预防措施。最后，老板会搪塞员工一年后再谈涨薪这件事。

员工经常犯的错误是根据过去工作上的表现要求加薪。但在老板心中，去年的工作已经过去了，他看重的是未来。然而，如果员工巧妙地将他过去的成绩与老板对未来的需求联系起来，那么老板就会倾听并参与到谈话中。因为老板看到了实现"他的"目标的可能性："在过去的一年里，我收获了很多经验，在将来我将更努力地将这些经验付诸实践……"或者"我想向您介绍一种理念，通过该理念我们可以接触更多的客户，并且我很乐意为此承担更多责任"，只有这样把自己过去的成绩和老板对将来的需求结合起来，才能使自己的涨薪目标得以实现。

脑中的舵手

在我刚开始接受培训时，一位主管告诉我："在谈判中，你必须并且能够完全依靠的只有一个人，那就是你自己！因为要对成功或失败负责的只有你。"事实上，从长远来看，任何没有意识到这一点的人都注定要失败。一名优秀的和成功的谈者需要心理学家所说的自我效能感，即相信自己对所取得的或未取得的成绩负责。相反，自我怀疑会产生完全相反的效果。我相信大家都熟悉自己臆想的预言成真的现象：之前脑海中描绘的可怕场景，在现实中真的出现了。这种情况是如何发生的？

每个人对世界的感知都不同。我们的边缘系统储存经验，将过去和当下的事件联系起来，从大量的过往经验中进行选择，将它们分类或归纳。这就导致了我们以为感觉会影响行动。你已经去过伦敦三次了？三次都下雨？所以对你来说，伦敦是一个总是下雨的城市，反正伦敦就是给你留下了这个印象。运动员在比赛中总是在某一个相同的动作上失败？这样他很快就会相信，他永远无法完成这个动作。渐渐地，人们自己就可以说服自己，什么我能做得到，什么我做不到。为了克服这种心理暗示，我们能做什么呢？在为谈判做准备时，我经常在精神上专注于那些之前成功的谈判。我会重温谈判的各个阶段，让自己再次去感受当时达成目标时的喜悦和欣慰。通过定期回顾这些成功经历，它们就在我的脑海中占据了主导地位。这是一种培养精神力量的方式，很长一段时间以来，运动员与心理学家也在该领域进行了合作。例如，体操运动员法比安·汉布钦（Fabian Hambüchen）设法确保他在2016年奥运会上做单杠旋体动作时，成功地让自己忘却了四年前的失败，让胜利的想法占据主导地位，最终夺得了那年的单杠奥运冠军。

但如何能在谈判桌前做到像汉布钦一样呢？想要做到这一点，就需要我们想象，假如谈判取得成功，我们将会有什么感觉、我们将听到和看到什么。那么究竟该怎么想象呢？这很简单：把谈判想象成一部电影，让每一个场景、每一句话、每一个阶段的胜利都在脑海中逐一浮现。这部电影的主演是我们自己，而且这是一部有着圆满结局的电影。

要做到这一点，需要有意识地向自己提出以下问题：

我应该以什么样的面貌出现在谈判中？
我应该如何组织这场谈判？
我怎样才能保持最佳状态？

我应该如何找到这种良好状态?

我应该如何与对手建立关系并获得他的信任?

我将如何处理反对意见?

我应该怎样用问题引导谈判的走向?

我应该怎样提出我的要求?

当我取得最佳成绩时,感觉如何? 事后我将给谁打电话?

第三章
F.I.R.E. 控制理念：一步一步走向成功

> 纪律是通往目标的桥梁。
>
> ——吉米·罗恩（Jim Rohn, 1930—2009），
> 美国著名企业家、作家

尽管德国人做什么事通常都按部就班，但我总是惊讶地发现，偏偏在谈判这件事上，德国人通常会凭直觉。然而，谈判的成功在很大程度上取决于谈判的方法是否结构严谨。严谨的结构会给我们一个清晰的框架，给我们带来安全感，使我们安心，好比束胸的龙骨架能固定住不稳定的脊柱。在一个明确的结构框架内，我们可以随时清晰地认识和控制自己在谈判中的地位，同时也可以意识到，怎样才能以利于成功的方式运用各种谈判手段，以及如何避免冲突。严谨的结构在陷入僵局的情况下能够帮助我们扭转局面。不管是与绑匪还是与生意伙伴谈判，或是与在超市结账时想从恼火的父母那里敲诈几颗糖果的五岁孩子谈判，其机制都是一样的。

完美的谈判结构是一个持续控制的过程，分为几个阶段，该理念由美国联邦调查局开发和测试，德国联邦刑事警察局的

实践也证明了该理念的有效性。为了商业谈判，我进一步完善了这一理念：F.I.R.E.控制理念。这一理念能够使谈判通往成功，这也构成了F.I.R.E.-业务谈判系统®的核心。学会并运用心理学知识对谈判成功与否具有决定性意义。然而，尽管谈判对手自己没有走漏风声，最独家的相关信息却可以从对手本人那里获得。运用联邦调查局和中央情报局所教授的技巧，在谈判中可以利用各种契机获得有价值的信息，并战略性地使用这些信息。

　　F.I.R.E.控制理念从一个经常容易被低估的阶段开始，即与对手建立关系或和睦相处的阶段。无论我们有什么想法，或者坐在我们面前的是谁，熟人也好陌生人也好，这个阶段都是不能被省略的。不知道你有没有见过两只头一次相遇的狗是怎样打招呼的，它们跳来跳去，吠叫，互相观察并嗅来嗅去，然后决定是爪牙相接还是友好相处。它们在这个阶段会先搞清楚彼此之间的状况。这是一种原始的特质，人类也有这种特质。这也是一种原始的需求，这种需求使我们去了解我们在与谁打交道，并建立彼此之间的信任。在这个建立关系的阶段，事实上我们是在创造一种以后达成一致结果的可能性。哪怕对方是朋友或者熟人，只要开始谈判，就不能低估这一阶段的重要性。因为谈判会改变很多东西，一旦我们自己的谈判动机显露出来，我们自以为很了解的人，特别是曾经与我们亲近的人，很可能会突然暴露出我们以前不了解的一面。突然体验到自己的好友是一个强硬的谈判者，也许会让你十分恼火，也可能令你产生同样用强硬态度来回击他的想法。可见，在这个时候以即将进行的谈判为背景，利用这一阶段重新梳理彼此的关系格外重要。

现在你可能会说："这是一个不争的事实啊，一开始当然要稍微聊聊天来建立关系。"但每当我观察真正的谈判，甚至只是模拟谈判时，看到的常常是完全不同的景象。这些景象与专业地建立关系、奠定信任的基础、卸下情感防御和利用已有的人情毫无关联。可见大家通常无法很好地完成这一阶段建立联系的任务。

在第一阶段"建立联系"之后，是第二阶段"理解分析"，以及第三阶段"动机分析"。这前三个阶段并不是彼此孤立的，它们有的部分相互融合，在取得谈判最终结果之前，这三个阶段永远不会结束。因为对概念和观点的解读是一个持续的过程，贯穿整个谈判，或者这样说更好些：本来就应当贯穿整个谈判。在大多数谈判中缺失的恰恰就是这一点。许多人低估了一个词可以有多大的误导性，多么含糊不清，以及它可以在对方那里引发什么样的误会。正是我们的联想和诠释使一个词变得具体，而且我们的联想和诠释不一定与我们对手的相同。如果我们不注意的话，随时可能引爆谈判中潜藏的炸弹。因此，我们必须深入对手的语言世界，以了解对手的真正意思。因为正如诺贝尔奖得主萧伯纳所说："沟通中最大的错误是相信沟通一定会成功。"为了不被这个错误误导，我们必须走进对手的大脑，进入他们的思维世界，让自己潜入到他们的思想和概念里。但是有一点绝对不能做，那就是去评判对手的思想和概念体系。

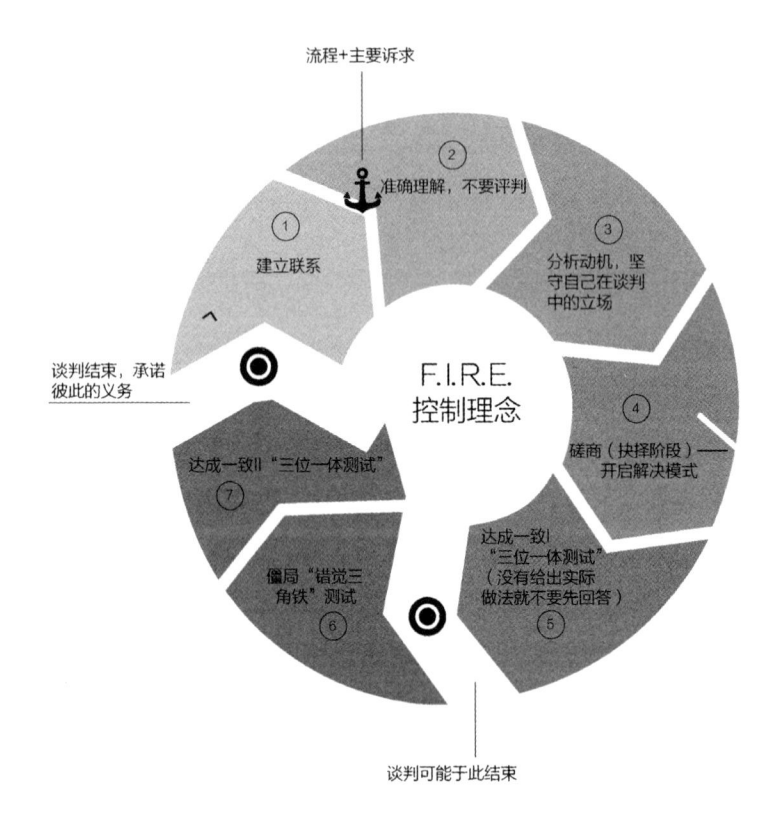

```
                        流程+主要诉求
                              │
                        ② 准确理解，不要评判
                   ①                    ③
                建立联系              分析动机，坚
                                      守自己在谈判
                                      中的立场
  谈判结束，承诺         F.I.R.E.
  彼此的义务           控制理念         ④
                                      磋商（抉择阶段）——
                                      开启解决模式
              ⑦
         达成一致Ⅱ"三位一体测试"
                   ⑥              ⑤
                 僵局"错觉三        达成一致Ⅰ
                 角铁"测试          "三位一体测试"
                                  （没有给出实际
                                  做法就不要先回答）
                              │
                        谈判可能于此结束
```

在第一至第三阶段，有一种方法可以有效发挥作用：锚定。运用这种方法的时候，我们会直接影响对手的思考和判断方式，这也是为了能够争取到我们所希望的谈判目标。这一点利用了人们会对话语直接产生反应的本能。不知不觉中，人们会被语言、物体或数字所影响，比如在谈判中提出的议程、第一笔款项、第一项要求等。而且无论我们喜欢与否，这种本能都会在我们的意识中打上烙印，它们就变成一种"锚"，是谈判的要点，也是转折点，因为它们会决定我们随后的想法和行动。

然而，在第三阶段，最重要的是要认识到对手的动机。一名专业的谈判者越是了解自己的需求、目标甚至恐惧，那么他在谈判中就处于越有利的地位。因为只有这样，才可能在谈判中战略性地提出诉求，并进一步优化谈判的结果。为了满足自己的真正需求，大部分谈判者几乎都做好了准备，要拼尽全力。

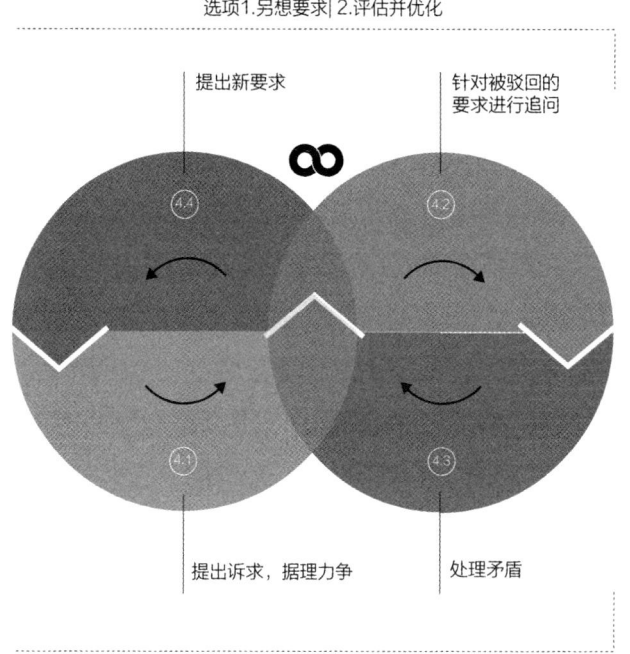

选项1.另想要求 | 2.评估并优化

提出新要求

针对被驳回的要求进行追问

(4.4) (4.2)

(4.1) (4.3)

提出诉求，据理力争

处理矛盾

所以提前调查好一切，就可以毫无顾虑地谈判了吗？这种谈判多半会失败。因为最重要的信息不是从外部获得，而是从谈判对手那里得来的。但我们必须要对得到的信息进行正确的加工处理。需要正确解读语言和肢体的交流，以便能够从蒙骗和虚张声势中分辨出真正的动机。因为有一件事很清楚：对手不会总是直接向我们展示他的动机。有时，只有通过询问，才能明晰对手的需求。

第三章　F.I.R.E. 控制理念：一步一步走向成功

到了第四阶段"掌控谈判",就可以开始进行具体的谈判了。现在是时候提出自己的要求了。在这一阶段,按顺序和战术逐步推进谈判也很重要。对此,我们需要严明的纪律,管理好自己的情绪。虽然要求众多,就像装得满满的一袋子箭,你感觉已经箭在弦上,但不要一股脑儿地把全部的要求都射出去!因为在谈判过程中,要根据需求行事,以解决问题为导向进行争论,并且争论的主要目的是证明对方也会获得好处。因为如果我们要成功的话,就必须利用好对手的意图和需求。哪怕在诉求被拒绝的情况下,也要进一步追问对手的意图和需求,以便更好地分析对手。

第五阶段"达成协议",这一阶段的重点在于施加影响。在谈判中,对方往往以无法立即核实的主张来虚张声势。认识到并推翻这些主张是我们在这一阶段的主要目标。在这一点上,需要额外强调:如果知道正确的技巧并遵守规则,没有人会束手无策地屈服于对手的这些主张。在这个阶段,可以结束谈判,但不是怎样结束谈判都可以,有时你会嗅到空气中弥漫着失败的气味。那么为了扭转局面,还有第六阶段"绝处逢生"。在这个阶段要提出条件,但也要留出解决问题的出路。虽然不是每次谈判都必须以成功为荣,但总有一个达成协议的空间,即可能达成协议的区域。在没有探明这个区域之前,任何人都不应该放任谈判失败。

以上每个阶段都用到了许多语言技巧和心理学知识,把它们整合在一起就可以得到一个名副其实的百宝箱,里面包含了如何与棘手的谈判对手打交道所需的一切。

第一阶段：建立联系

那是在清晨六点。我们站在德国西南部一位中产者的房屋前。那是一个宁静的住宅区，整洁并且低调。住在这里的大多是富人，但不是超级富豪。整个地区散发着纯粹的中产市民的气息。一切都是那么不引人注目，当然现场那些穿着黑色防暴服、戴着头巾和冲锋枪的人除外，他们正准备冲进房子。尽管早晨的气氛很平静，但空气中却弥漫着紧张的氛围。行动负责人简单点头示意后，攻击行动就开始了。突击队员突破了房子的前门和后院的门，MP5别动队随时准备待命。房主从睡梦中惊醒，被戴上手铐，带进一个小房间，显然是一间办公室。在确定犯罪嫌疑人不会有武装抵抗后，整个房子被彻底地搜查了一遍，甚至每张纸片都被翻过，没有忽略任何东西。采取这一行动的原因是什么？这个表面上过着中产阶级生活的人有很大嫌疑是汽车盗窃和毒品走私集团的关键人物。我们得到的信息称他为一个波兰盗车团伙工作，这个团伙借助他组织了一批职业偷车贼，他们四处搜寻罕见的高级汽车，卖给能出得起价钱的买家，这些买家专门买盗窃来的车辆，对他们而言，想买车可不会去车行。例如，如果有客户要找一辆带有棋盘格纹样的座椅和特别内饰的黑色保时捷911 Turbo，这间房子的主人便让他的手下倾巢出动，他不仅负责寻找客户想要的名贵汽车，还能在不损坏汽车的情况下将车门撬开，并转运到波兰，是名副其实的幕后操盘手。

但他犯的事儿还远远不止这些，他还有将合成毒品从波兰走私到德国西南部的巨大嫌疑。这意味着我们很有可能正在跟一个有组织的犯罪团伙打交道，而他就是这个团伙的关键人物。

对我来说，这样的任务绝不是例行公事。我当时正在德国陆军接受训练，被借调到这个德国西南部小城的警察总部学习。抓捕他的过程看起来有点像动作片里的场景。行动负责人给我布置了一个任务："看守好犯罪嫌疑人！"听到这句话比这件事本身更加让人兴奋，毕竟，这所房子守卫森严，犯罪嫌疑人还戴着手铐。因此，早上六点过后不久，我和一个犯罪嫌疑人坐在他的书房里，他的血液里充满了肾上腺素，他的目光里充满了憎恶，我必须确保万无一失。当时的气氛相当不友好，我的心情也相应地变得冰冷。那人似乎很有攻击性，先是愤怒地凝视着我，然后故意看向远方。与此同时，我的警察同事们正在从上到下搜查整栋房子，以寻找和保护证据。原则上我的任务就是什么也不要做，因为可以预料得到，搜遍整栋房子要花上几个小时。可我受不了纯粹的无聊，于是我决定尝试一下我刚在培训中学到的东西：与犯罪嫌疑人建立联系。当然，我并不指望能成功，但我不想就这么无聊地待着，我想亲自尝试一下我在课堂上学到的东西。

首先，我想了解一下这个人，毕竟是他的犯罪行为使得我们不得不在黎明时分必须采取这种激烈的行动。我环顾书房，屋子收拾得很整洁。在房间高高的书架上，摆放着一些分类明确的技术类的书籍。其中有一本是介绍老式钟表的机械原理的。我的目光再次落在这个跟我同处一室的人身上：一块银色的手表在他的手臂上闪闪发光，这块表虽然看起来不奢华，但价格一定不菲，我估计在18 000马克左右。这是一件收藏品，是伯爵的一款计时码表，非常纤细，白金材质，手动上链。接下来引起我注意的是一本关于多米尼加共和国的书，我自己曾多次到这个国家去潜水。我不知道这位犯罪嫌疑人是否也是一名潜水爱好者，如果是，那这可能是我们的一个共同点。一张全家福摆在桌子的显眼位置：上面有他、他的妻子和两个孩子，一个男孩和一个女孩。这家人对着镜头满面春风，他骄傲地看向他的妻子和孩子，这幅画所散发出的和谐似乎并不是刻意为之。他是一个有家室的人，一个注重细节和秩序的人，喜欢科技，喜欢在工作过程中井井有条。虽然我这么说可能有点目光短浅，但所有这些第一印象都指向他是一个认真、坚定不移的人，很难相信他犯有刚才说的那些罪行。我觉得是时候和他谈谈了。

我记得，满足谈判对手的基本生理需求对成功建立关系是十分有帮助的。基本的生理需求，如呼吸（清洁空气）、穿衣、喝水、吃饭、睡觉。我们刚刚剥夺了他的睡眠。那么喝点什么呢？早上六点半，我的基本需求只有一个：咖啡！这是我最喜欢的。不用长第三只眼，谁都能猜到桌子另一边那个皱着眉头的人，在被拿着冲锋枪的蒙面人粗暴地叫醒后，肯定也在渴望喝点什么。我推了他一下问道："你想喝点什么吗？喝杯咖啡怎么样？"我的身体向前倾了一下，也是为了从物理上缩短距离。

我的对手起初沉默不语，他的目光变得更加沉重，很明显想拒绝，但我顶住了他的目光，对他鼓励性地笑了笑："如果你告诉我你的咖啡机在哪里，我很乐意为你煮一杯咖啡。""你会操作专业的意大利机器吗？"他终于开口问道。尽管他的声音中流露出毫不掩饰的轻蔑，但是我感觉到他对一杯好咖啡的需求似乎占了上风。他让我感觉到,他不相信我会使用 La Marzocco[①] 如此豪华的高级设备。与此同时,他开始向我描述咖啡机的位置。他详细解释了如何操作以及如何制作最好的咖啡奶油。他对这台机器的自豪感显而易见,因为这种机器对于当时的家庭来说并不常见,他对技术的热情和对咖啡的期待同样显而易见,对他来说,这可能不仅仅是清晨咖啡因的动力。当我打开门通知一位要短暂接替我的官员时,他在我身后叫道:"给你自己也带一杯吧!"到目前为止,事情进展得还不算太糟。

我端着一个托盘回来了,上面摆着两杯咖啡、水、奶精和糖。咖啡的香味阵阵扑鼻,上面的奶盖好像画上去的一样。犯罪嫌疑人接过咖啡杯,对奶精和糖不予理睬。尽管我喝咖啡一直都放奶精和糖,但我做了和他一样的选择,因为我想重复他的动作——这也是我在培训中学到的。接下来,我们默不作声地喝着咖啡。咖啡的味道好极了,跟我在夜间审讯和执行任务期间喝过的那些乏味的勾兑咖啡比起来简直有着天壤之别。"咖啡很棒,多谢你的款待!"我说道,"上一次喝到这么好的咖啡还是在南美和加勒比的时候。"我试图打破沉默。我的"对手"开始松懈下来,他确认了我的说法,他说他经常去南美,也经常在那里喝上两杯咖啡。他说他经常去多米尼加并经常在那里潜水。这不就是我们之间共同的话题吗?说到在多米尼加潜水我就聊起了我在部队学过潜水的事。我们聊了聊用氦氧混合气的气瓶进行深潜时的优点。

[①] 意大利著名咖啡机厂商。——译者注

我指了指他的全家福问道："你的孩子也会潜水吗？"他对我说他的儿子米卡曾经和他一起潜水，他的儿子很棒，在数学方面颇有天赋，对理科很有兴趣，并且在体育运动方面也是一把好手。这一双儿女是他妻子和前夫的孩子，妻子和他结婚后，一直把孩子带在身边，但他对孩子视如己出。米卡是他的骄傲，他想要供米卡上大学。他儿子现在是手球运动员，在州手球队里担任后卫。我简直不能想象，又一个共同话题出现了！"我曾经参与过黑森州队的手球选拔赛。"我说道。我们开始讨论选拔赛的流程，以及训练和比赛要付出的大量时间与精力。房间里的气氛轻松了许多，而另一边不时传来行动队员的声音，他们在橱柜和抽屉里不断搜寻着。

我不仅对他的儿子表示赞许、寻找我们之间共同的兴趣点，而且按照我学到的方法模仿他的说话方式——他的句子大多短小精悍，我便按照同样的方式回答。我们之间的关系变得越来越缓和。经过一个小时的不断交流，他不再有任何明显抵触的迹象。我们笑得很开心，我已经成功地和他建立了良好的对话。忽然，犯罪嫌疑人说道："我喜欢你的为人，我相信你，我可以交代。"我完全愣住了，这是我没有料到的结果。我磕磕巴巴地重复他的话："这意味着……要是我的理解正确的话——你想——你想招供是吗？""是的，"他确认道，"我可以交代我犯的事儿，但只和你说！"

这时，门开了，主管伸进头来，问我是否一切顺利。我做了肯定回答，并报告说犯罪嫌疑人愿意交代罪行。主管把我拉到一边，问我发生了什么事。我没有说我做了什么，但我稍后对犯罪嫌疑人进行了审讯，一位有经验的同事和我一起。多亏了这名犯罪嫌疑人的完整证词，一个庞大的犯罪网络被揭露出来。我们的被告成为诉讼中的关键证人，他和他的家人处于证人保护计划之下。于我来说，我的档案里也记下了一个大大的嘉奖。

人们普遍渴望能有一个人值得他们信任。而且特别是在谈判中，最低限度的信任是必不可少的。否则，一旦不信任感笼罩现场，意味着谈判在开始之前就已经失败了。

这里所说的建立关系，当然不是为了结交新朋友或出于纯粹的善心和同情而采取的行动。我需要一种信任的关系，以便与对手进行沟通，钻研他的心态，并有目的地运用我的策略。但是，在与绑匪谈判时，应该怎样建立信任关系？这有可能吗？在与客户的谈判中，对手以咄咄逼人和不理智著称，他想尽可能地压低我产品的价格，这时该怎么办？该如何设法建立信任？根据诺贝尔奖得主保罗·克鲁格曼（Paul Krugman）的说法，没有信任，任何形式的谈判、协议和交易都是不可能达成的。这些问题都是合乎情理的问题，但令人惊讶的是，迄今为止很少有人从专业角度去建立关系。当然，在恋爱培训学校或者在销售行业中，人们可以或多或少地学习一点儿。但在大多数谈判理念中，这个最基本的阶段被忽略了，这显然是错误的。

当谈判中出现首次冲突时，这个任务就落到了参与者的头上。因为如果在谈判过程中不能设法保持双方关系的稳定，那么在冲突出现或者矛盾开始升级时，谈判就很难取得成功或根本不可能成功。事实上，在这样的情况下谈判早已不复存在了，因为谈判双方根本不喜欢对方，这与在个别问题上商讨出最佳结果的事实无关。

Kaiser's Tengelman 和 REWE[①] 之间的纠纷就是关于这方面问题的一个很好的例子，在 2016 年秋季这一纠纷占据了日报的很大一块版面。那么发生了什么事呢？谈判桌前坐着的两位谈判者之间有着巨大的分歧，这两位分别是 Tengelman 的老板卡尔－埃里温·豪布（Karl-Erivan Haub）和 REWE 首席执行官阿兰·卡帕罗斯（Alain Caparros）。前者是出生在华盛顿州塔科马的德国亿万富翁的儿子，后者是持有德法双重护照的阿尔及利亚难民的儿子。卡尔－埃里温·豪布出生于德国最富有的家庭之一，但他的第一桶金是在家族产业帝国之外赚得的，其中就包括在麦肯锡的一笔。后来他接手家族企业，在柏林墙倒塌后，他在德国东部扩大了业务，就此住在了当地的一辆房车里。豪布经常在马拉松比赛中展示他的坚韧和耐力，并公开提倡德国的传统美德，如秩序、可靠和守时。在他加入公司管理层时与父亲发生了冲突。在豪布看来，父亲在管理上过于依赖他的直觉，并出于"情感因素"坚持不划算的投资。母亲最后充当了争吵不休的父子之间的调解人。有头条新闻谣传说，豪布派人监视家人和公司的高管。

让我们也回顾一下阿兰·卡帕罗斯多舛的一生。他的祖辈从诺曼底和西班牙移民到阿尔及利亚，他的父母在那里作为磨坊主生活得很滋润。但是，1962 年阿尔及利亚独立后，这个家庭失去了一切。作为一名高层经理，卡帕罗斯透露的有关他个人的信息

---

① 二者均为德国连锁超市品牌。——译者注

总是令人大吃一惊，他喜欢讲述他的父亲总是带着左轮手枪到处跑，因为他的父亲加入了一个反对阿尔及利亚独立的秘密组织。他的父母一直无法接受他们失去了全部财富的事实，他们觉得生活也失去了意义，而且这给作为儿子的卡帕罗斯留下了深刻的印象。他们回到法国后，家人遭受到了周围人冷漠的拒绝，这也影响了卡帕罗斯，卡帕罗斯体会过深深的受挫感："这唤醒了我成为成功人士的渴望，我不会忘记自己从哪里来。我想赚钱，我想建立什么东西，这是我的动力。"据卡帕罗斯自己说，他是德国的粉丝，并把自己描述为一个态度强硬的老板，但他相信只要在管理公司上投入感情就会更加成功。

结局似乎从一开始就很明了，这两位领导型人物在谈判中不会白白送给对方任何好处。但是没有人能够预料到，这场谈判将是多么困难。一方面，豪布有着相当执着和不妄加信任别人的个性，他看上去十分拘谨，他深沉的穿衣风格就可以体现出这一点；另一方面，卡帕罗斯更像是有着主动的、以自我为中心的性格特征，他在公众面前一点也不腼腆，他张扬的服装风格也与豪布形成对比，他的眼镜框和彩色的围巾都很抢眼。

面对如此不同的性格类型，如果在谈判之初就将更多精力投入到建立关系上，那就再好不过了。但二者所做的恰恰相反。先是 Tengelman 的老板豪布指责 REWE 动机不纯，然后是 REWE 的老板卡帕罗斯指责豪步和 EDEKA 的老板马库斯·莫萨（Markus Mosa）故意采取回避战术。卡帕罗斯公开指责道："我们认为豪布和莫萨从一开始就有备选计划，他们只是想拖延时间。"然而这件事的背景是这样的：豪布原本计划把公司卖给

EDEKA，但被联邦反垄断局中止了。15 000人处于失业的危险之中。再加上个人恩怨，情况一度十分混乱，甚至前总理施罗德都被要求出面进行调解。如果没有施罗德的调解，他们可能直到今天都无法达成协议。而这正是因为双方没有处理好他们之间的分歧，没有抑制住彼此的敌意，没有在谈判期间建立起稳定、相互信任的关系。

上述例子中两个谈判的主角都未曾重视要专业地建立彼此的关系，在专业术语中这种关系叫作"融洽"（Rapport）。它能够保证双方有效进行沟通，并引领谈判最终达成一致。没有融洽的关系，就不可能建立沟通的桥梁。这不仅适用于签订协议的谈判和销售谈判，也适用于与绑匪的谈判。

在人们开始认识接触的时候，关系的建立是在不知不觉中发生的。我们不仅通过语言，也会通过其他非语言的信号来感知对方，这通常都是悄悄发生的。而个人对这种接触的评价越积极，也就越能适应对方并建立融洽的关系。简而言之：我喜欢谁，我就帮谁。当关系融洽时，人们更倾向于积极地评价对方，人们更容易互相信任，对谈判中的发言也不会那么挑剔。

我们在日常生活中都遇到过这样的情况：关系比较好的邻居，即使对方割草机的噪声再大，也比不上街对面的臭靴子对我们造成的困扰更大。我们迟钝的大脑是导致这种认知的元凶。与其在一个问题上绞尽脑汁，我们更愿意根据直觉和情感标准来做决定。即便我们的大脑在事后回想时，会提供理性的论据，但是在当时大脑不会理性地对此进行评估，而是以情感为基础做出了决定，换句话说，这个情感基础就是我们对某个问题或某个人的感觉。如果这种感觉是积极的，那么我们做出的决定就很可能是积极的；如果是消极的，我们就会以拒绝的姿态站到这个人或这个问题的对立面。只有当我们想否定一个人或一件事时，我们才开始变得理智，用认知的论据去支持情感上早已做出的拒绝判断。心理学家称这种现象为"情感启发法"，这就解释了为什么融洽的关系在谈判中是如此重要。

在建立融洽且持久的关系时，好感是第一个重要的杠杆。然而，如果谈判的成功仅仅取决于在对方阵营中有一个我们认可或者有好感的人，那就差强人意了。幸运的是，我们并不只依赖于此，因为我们还可以试图让对方建立对自己的好感。"讨好"（Ingratiation）是由著名的普林斯顿大学教授爱德华·E. 琼斯（Edward E. Jones）创立的一种心理学技巧，目的是让对手对自己产生好感。最简单的做法哪怕是在睡梦中也能做到，那就是说恭维话。可惜的是，很多人在谈判中很难将恭维话说出口。但要小心！赞美要根据对方的性格类型选择正确的剂量和用法。例如，如果面对以自我为中心或自恋的人，需要对其本人大加赞美；而对认真负责的人，对他本人的赞美无须过多，但对其完成的任务要多加赞美。太多或太牵强的恭维可能会产生相反的效果，特别是可能给人留下试图巴结对方的印象。"Ingratiation"没有被翻译成"谄媚"或是"逢迎"一定是有其理由的。与"谄媚"和"逢迎"恰恰相反，"讨好"本身并没有什么错。然而，想要成功地让对方对自己产生好感，在很大程度上取决于不要让对方把我们的讨好行为看成单纯为达到目的而采取的手段，否则讨好很快就变成了上述所说的拍马屁，好感以及随之而来的融洽关系甚至可能还没开始就已经消失。

在谈判中讨好的另一种方法也行之有效，它同拍马屁一样，可以让对方的自我价值感有所提升，那就是恭维。恭维的目的是直接的，而所谓态度的转变则是间接的。这里可以向对方暗示，基于对方的影响和论述，我方已经改变了自己的立场。这一伎俩可以很好地与假要求或"扮蠢"结合使用。如果这个战术奏效，对手就会觉得自我价值感得到了提升。毕竟，他认为我们非常看重他的价值观或信念，以至于愿意把自己的价值观或信念弃之不顾。这也创造了彼此之间的亲近和信任，而作为回报，对方可能愿意接受我们提出的其他要求。如果这个方法对你来说过于冒险，也可以尝试另一种弱化的形式：不改变态度，而只是假装在态度上保持一致。或者说，选择一种与自己的外表、自我表现相适应的方法。这里的目的，是强调对方的某种特征或价值，让对方觉得他对我们产生了积极影响，这可以是某种对方喜欢的性格特征，也可以是对手一直坚守的价值观，或对方特别尊重的某种行为方式。在这一点上，也体现出我们在准备工作中对对手的分析，事先做好准备变得很重要。例如，如果我们也能整齐地摆放自己的文件，而不是把它们胡乱地散落在桌子上，那么我们就能与认真细致的人更好地建立起共鸣。如果这些小事真的能让对方认同我们，对我们产生好感，那就能发挥很大的作用。

然而，对于这种讨好策略，重要的是要能够预估，哪种形式的自我表现能真正达到预期的效果。如果我是一个自信的人，那么我继续强化这个特点，会让对手产生好感吗？还是说我需要弱化这个特点，他才会对我有好感呢？如果没有精确地分析过对手的性格特征，或者没有做好充足的准备，我们的表现可能会变成在刀尖上跳舞。还有另一种获得对方好感的方法，但该方法可能会冒一些风险，即打幽默牌。当询问一个人他心中的理想伴侣时，很多人的回答都是：说话一定要有趣。幽默只要使用得当，在谈判中也是可以发挥作用的。例如，创造"共同的笑声"，发掘与对方共同的兴趣，对获得好感是有帮助的。比如，我们发现一件有趣的事情，并与谈判对手分享这个乐趣，这不仅是获得好感的方式，也是促进双方发现共同之处的方式。但使用这个方法也要非常小心，不要过于夸张。共同的笑声应该对双方而言有着同样的娱乐效果，而不是以牺牲掉我们本来想争取的人为代价。

在谈判中，利用所谓"对等原则"策略，风险要小得多，也更有效。因为我们不仅要遵循一开始提到的座右铭，"我只帮助我有好感的人"，还要尽量坚守"以牙还牙"法则。社会交流在无形中遵循每个参与者的成本和收益持平的原则。因此，希望将每一种关系建立在付出与收获的平衡之上，是人类的基本需求。相应地，当我们"帮对手一个忙"，即通过事先满足谈判对手的需求然后才提出我们的条件的方式，给谈判对手也留下唯一的选择。对手的大脑现在试图恢复平衡，而且他无形中觉得有义务至少为我们提供同样大的帮助。这样一来，不仅触发了对方对我们积极认同的情感，而且使对手陷入一种"感激之情"中。当然，我们提前给予对方的帮助价值具体有多大，并不会被客观地衡量，因为对不同的人来说帮助可能有不同的意义，也就是说这种帮助的价值是比较主观的。但是只要提供了帮助，不仅会在对手那里创造共情的感觉，还会使得对手感觉接下来应该给予我们一些回报。比如你一直给对手以友好并且平易近人、专注于谈判的印象——在谈判中确保室温宜人，水杯里的水总是满的，并且总是关心对手是否感到舒适，这样做我们就不会空手而归。谈判对手会欣赏我们，甚至可能在一些问题上迁就我们。

互补可能是引发好感的一种方式，相似性则是另一种方式。众多监测面部肌肉的实验表明，人们一旦辨认出似曾相识的某样东西就会感到高兴并微笑，这在心理学中叫作相似性原则。

假如一群之前互不认识的学生共处在一所公寓里，那我们多半可以很准确地预测出谁会和谁成为朋友——多半是那些在背景或爱好、价值观或目标等方面具有最大相似性的学生。因此，如果想在谈判中取得成功，应该找出并尽可能多地主动强调与对手的相似之处，无论是喜欢相同的俱乐部、音乐风格、穿衣风格，还是拥有相同的方言和信念。共同点大致上通过兴趣本身或者共同兴趣的实践和实践方法体现出来，而且这些共同之处一定会对彼此的关系产生影响，这在心理学上叫作交互好感，其含义无非是我们喜欢那些也喜欢我们的人。即使是与我们没有任何共同点的人，那些相似性原则对他们不起作用的人，如果他们感觉到对方认同自己，也会表现出积极的一面。当然，前提是这些人的自我价值感很强。否则，他们就会趋向于让别人认同他们脆弱的自我形象。

人从出生开始就能建立融洽的关系。是的，实际上我们是因为天生拥有这种能力才得以生存。试想一下，有谁比新生儿更无助，又有谁比新生儿更依赖他人的关注。他们本能地摆出笑容，瞪大眼睛，模仿父母的表情，从而建立起和其他人的联系。

婴儿无须任何语言就取得了最大的成功。不光是亲生父母会主动呵护他们，即使是完全陌生的人通常也无法抵挡婴儿的魅力。神经心理学已经发现了大脑相应的结构——专门负责模仿的镜像神经元。这些神经元确保人类总是能观察周遭的环境，看看是否有相同的东西，是否有我们已知的东西。如果某些东西对我们来说是"未知的"，我们就会下意识地把它归为有风险的一类。另外，如果我们发现一些熟悉的、相同的或类似的东西，就会感到踏实。哪怕不是在自己家里，我们也至少会觉得是在朋友的地盘上。

尽管这听上去让人不太舒服，但在这一点上我们确实与石器时代的祖先没有什么不同。因为这种能力来自那个时代。在人类早期语言尚未成形之时，正确解读他人的肢体语言对生存至关重要。因此，镜像神经元系统在人类的进化和文化的发展中发挥了重要作用。当我们的祖先在打猎时遇到另一个人时，他们能够通过匹配某些特征来确定对面是敌是友。这种行为也巩固了我们的大脑结构。人类依赖于两件事才得以进化：通过不断适应来确保自己的生存，认识到谁和什么可能带来危险，同时找到那些表现与自己相同、感受和需求也与自己相同的其他人。几千年来，镜像神经元得到了进化，时至今日我们依然受益于它们。

镜像神经元也提供了构成融洽关系的首要因素：映射对手。我们寻找可以与对手建立联系的共同点，而这通常是在不知不觉中发生的。无论是在私人生活中还是在工作中，你一定有过这样的经历：当你作为陌生人进入一个团体时，你会怎么做？你会环顾四周，接近那些看起来对你有吸引力的人，觉得和他们在一起更有共同语言。你可能会聊到你喜欢的足球俱乐部、爱好和乐队。或者你无意间听到乡音，让你想起了你的家乡或你学习的地方。但要注意，不要试图模仿你不会的方言。尽管如此，方言仍然可以成为一个谈话的起点："我听说你是莱茵兰人。你来自哪里？我非常享受我在科隆①的学生时代……"如果看到一个与你穿着相仿的人，或者是沟通方式与你相似的人，建立关系的大门就敞开了，当你们开始交谈时，实际上就是在为建立良好的关系打基础。无形中发生的事情可以被有意地引入谈话中，然而涉及共同沟通方式的话，我们已经踏入了建立联系的高度专业领域，即语言模式的使用。这方面的必要能力不仅在谈判中至关重要，也是每个卧底调查员的秘密武器，同时在发展线人上有着广泛应用。

在专业地建立关系时，我们可以不必真的对对手产生好感。任何从事销售工作或接受过相应培训的人应该都知道这一点，并按照这种方法行事。为了建立关系，人们需要成为对手的映射，这包括姿势、手势，有时甚至是面部表情。语言模式也发挥着特殊的作用。我们表达自己的方式、我们的语速，这对有经验的谈判者来说就像一本打开的书。但有时不能太轻易做出判断，特别是要避免按刻板印象做判断。假如坐在对面的人是一个比我们说话更快但更没有条理的人，我们可能会产生一种对方紧张、慌乱、情绪不稳定的印象。但要小心，不能用我们的感觉来衡量对手，对手自己才是他自身的标尺。决定性的因素是这个人平常如

---

① 科隆位于德国的北莱茵-威斯特法伦州。——译者注

何说话，即他在没有特别大的压力或挑战的情况下如何讲话。在心理学中这叫作基线。这个人平常说话是不是总是那么快，而且声音相对较高？他是否通常在句子结尾时气喘吁吁？如果是这样，那我们所观察到的现象就不足以使我们得出对手语速过快、缺乏镇定这样的结论。我们必须小心，不要向潜意识屈服，不要过早地贴上标签或做出判断。因此，在人们初次见面时就精确地校准并确定他们本来的初始状态，在私人交往中是有帮助的，在谈判的专业环境中这甚至也是必要的，然后密切注意一个人在不同情况下的说话方式有无改变。他的语速是变快还是变慢了？他是否经常字斟句酌，或者总是运用华丽的辞藻？他说普通话还是方言，他说话总是温文尔雅，还是有时会轻嘴薄舌？

这里需要考虑两件事：第一，一个人的"初始状态"是怎样的，在什么情况下、在什么时候他会偏离这个状态？恰恰是这些问题让事情变得有趣。第二，在谈话中，要试图映射对方的这些特点。是的，我知道你想说："这不是我真实的样子，我完全是装的！"但这不是重点。我们在谈判中所做的一切只为一个目标服务：为我们所在的一方获得尽可能好的结果。对个人来说，有时我们在谈判中表现出的不真实是作为谈判者角色真实性的一部分。手握谈判的方向盘，我们的任务是做一切有利于谈判成功的事情。想要赢得谈判，就必须主动引导谈判。而想要很好地引导谈判的走向，首先就要以对方为镜，建立融洽的关系，人们是可以学会这一点的。

在我的培训中曾有这样一次考试，这次考试的要求之高，单单从别人那里听说的关于考试的信息，就已经给我们这些调查员留下了深刻的印象。而那些一次通过的人，对这个考试的敬意更甚。我们被派到一家咖啡馆，考官事先已经给我们发了许多问题，我们的任务是在规定的时间内与一个陌生人交谈，我们必须问出这个人是谁，他的出生日期、住址、工作、婚姻状况，以及他下一个假期要去哪里。我们不知道这些人是随机选择的，还是由培训人员安排的。为了防止我们带着一些捏造的内容回来交差，考官很可能特意安排一些人。在这类培训开始之前，我总是有种肾上腺素上涌的感觉。今天的我对每一次培训都很感激，因为正是这些培训给了我持续的锻炼。任何经历过这类培训的人都不会再忽视建立融洽关系的重要性。

同样，任何要开始谈判的人都不应该忽视其重要性。在整个谈判中，要反复问自己，现在的关系状况如何并保持其稳定，这一点至关重要。如果谈判双方的关系出现了问题，就好像沙子混入了引擎的齿轮，必须先把沙子清理干净，谈判也得始终优先将关系维护好。关于客观问题的争议，一般要在关系变得再次可靠稳定后再去解决。

但是有人会问，在有争端的情况下，难道不是客观的辩论才能将情感因素和因此而产生的压力剔除吗？显然不是。任何在没有弄清关系问题的情况下讨论客观问题的人，都有可能将关系层面上郁积的矛盾与客观问题上的冲突混为一谈，而这种混淆会使冲突变得更加尖锐。在没有将双方关系理清的情况下，就针对谈判中的客观问题进行讨论，那么想要取得成功将变得遥不可及。然而，虽然有意解决关系层面上的问题，但也决不可以无条件地妥协。

原则仍然是："在谈判中以一致和控制的方式引导对手进行

谈判，但要运用移情的手段，在感情上创造更多好感。"通过讨好的策略、相似性和互惠性的原则有意制造机会，让对方对自己产生好感，这也被称为"战术性共情"。它有助于双方建立信任，让对手放下对我们的戒备，保持对谈判的整体控制，并使我们所提出的要求更有可能被对方接受。但要记住，这一切并不意味着我们要屈服和让步。

阶段小结

- 无论在哪个领域，良好的关系都是有效和成功沟通的前提和基础，比如与伴侣相处、进行推销、领导公司等。
- 在与对方开始交流时，要去适应对方的语言和肢体表达，这些通常是在无意识中进行的。个人对交流的评价越积极，人们对对方的适应性（关联性）就越强。
- 当关系融洽时，人们倾向于积极地评价对方，更加信任对方，言语也会有所缓和。
- 运用"战术性共情"。
- 运用五种讨好的策略：赞美；改变态度；态度趋同；自我表达；幽默。
- 利用相似性和互惠性原则，专业地建立关系。
- 满足他人的需求，也可以获得那些与你毫无相似之处的人的好感。
- 在处理客观问题之前必须处理好关系问题。关系层面模糊不清，谈判就不可能成功。

第二阶段：理解分析

在成功地完成了关系建设，并且关系稳定后，就该进入谈判阶段了。这一阶段最重要的任务之一就是不断保持对认知和概念的调整。一旦一个新的概念被引入谈判中，就必须对其进行彻底的推敲：在对方看来这个概念的含义到底是什么？我对这个概念有什么想法？哪怕在与使用同一种语言的同一行业的对手进行谈判时也要思考这样的问题，这可能会让人觉得不可思议，但是必须认真对待这个问题。那么在语言层面会产生什么样的误解呢？在美国被问及美英关系时，奥斯卡·王尔德（Oscar Wilde）用一句精彩的格言暗示了这一点："如今，我们和美国一切都是共通的，除了语言！"这听起来很荒唐，实际上却果真如此：我们只是在名义上讲着同一种语言。每个人都用自己的想法来填充"语言"这一概念，而这自然隐藏着误解的危险。不幸的是，人类的思想天生就不是在同一个次元。或者如萧伯纳所说："沟通的问题在于人们认为他们已经沟通成功了。"

事实上，在谈判中，参与者往往会产生这样的错觉：他们已经互相理解了对方，瞬间完全理解了对手所用的概念，并且沿用该理解继续谈判。只有到了最后才发现，原来双方一直在讨论不同的事情，尽管二者用的都是同一个词。很长一段时间内，双方都会觉得不可思议，为什么就寻找解决方案一事还没有得出统一的观点。而且，双方都以为一切都已经说清道明了，但也只是以为。他们没有发觉对方与这个词的关系，这个词在对方那里意味着什么，有什么意义。要想在这种"地形"上继续顺利行进，就必须研究对方的"思维地图"。也就是说,必须进入对方的语言世界,以便理解对方。每个概念背后都隐藏着对方的想法,而解读这些想法是一个长期的过程,一个永远不会结束的过程。

我喜欢在我的培训课上做下面这个练习:我要求参与者想象有一座桥,桥上有车正在行驶。每个人都要描述一下这是辆什么车。对一些参与者来说,"车"一词是指自行车,对另一些人来说是指汽车或坦克。如果是汽车的话,还可以是旅行车、敞篷车或豪华轿车。当联想到敞篷车时,有个人想到的可能是高尔夫,另一个人想到的可能是奥迪,下一个人想到的可能是奔驰或保时捷。品牌的背后,又有不同的颜色、配置等。在这里,我们很快意识到,即便是"车"这样一个简单的术语,在一个大群体中不同的人也会联想到不同的含义。我们必须意识到这种差异。如果在谈判中出现了一个与谈判相关的概念,例如,如果谈判的一方要求提供24辆商务用车,那么就必须澄清"商务用车"这一概念。对方想要的到底是什么,他有什么想法?我们的任务是进入对方的次元。因为一旦我们迈入他的语言世界,也就到达了他的大脑。而如果我们能够理解他的意图,以后就可以分析他的需求。

阿尔弗雷德·柯日布斯基(Alfred Korzybski)是普通语义学的创始人,他本人精通好几种语言,他说过:"地图是地图,地区是地区,地图本身并不是它所画的那个地区,但如果地图是正确的,其结构与地区的结构相同(或相似),这才是地图有用的基础。"这乍一听好像跟谈判毫无关联,但柯日布斯基在这里实际上谈论的不是地理,而是语言。他这番关于地图的言论真正的含义是这样的：人生活在两个世界里，一个是语言和符号的世界，另一个是现实可感的体验世界。根据柯日布斯基的说法，语言的世界抽象化了体验的世界。他将语言比作地图，将真实的体验比作地区，但语言永远不可能与由实物代表的体验完全等同。只要语言的世界正确地描述了体验的世界，"地图"就会给我们以感知和深入对方内心的可能性。这正是我们必须要弄清楚的问题。

我们如何看待世界，一个概念对我们而言意味着什么，与我们的社会化程度有很大关系。我们如何长大，是什么塑造了我们的童年，这些问题都对我们的社会化程度具有决定性的作用。我们在日常生活用语中运用这些概念，并理所当然地认为其他人与我们运用的概念完全相同。因此，如果我们想要进行和构架起谈判，就决不能预设我们知晓对手的表达习惯和概念构成。我们必须反复地质疑和反思，从而让自己明白，我们和对手对同一个概念的看法通常不在同一个次元。这听起来很容易，但要不断提醒自己意识到这一点是非常困难的。

在大多数谈判中，人们没有考虑到的正是这一问题。单纯地回想下当你与他人交谈时是不是有下列情况：曾经有多少次你认为自己已经理解了对方的意图，而当你用自己的话重复对方的表述时，对方却认为你其实错误地理解了他的意思。突然间，你们的矛盾浮出水面，原因很明显：所表达的概念没有被理解，而被理解的又没有被表达出来。一方只是简单地按照自己的想法随意地解释了另一方的话，这显然是一个错误，在日常生活中这样的错误会引发冲突，在谈判中则往往会导致谈判的破裂。

参与我培训班的人必须演练这样一个谈判案例：一家虚拟公司的两个部门需要就已经被严重削减的预算展开谈判。每一方都有自己想要的预算额度，达不到的话，他们将面临严重的后果。每一方预算的背后都有不同的立场，而这些立场是另一方所不知道的。例如，一方需要一个会议室，另一方需要一个谈判室。正在进行的谈判中，已经到了双方就其立场交换意见的阶段。通常情况下，这里双方所提出的"室"通常会在没有过问对方对其理解的情况下，被视为达成协议的一种可能性。然而，他们争辩的是不同的规划预算，指责对方"没有精打细算"或"在虚张声势罢了"。双方都提出需要一个房间，如果不仔细追问到底是什么样的房间，就不会真正理解另一方的意图。事实上，一方的"会议室"指的是一个可容纳 30~35 名会议参与者，并配有一些技术设备的房间，另一方的"谈判室"则只需足够容纳 6 个人。但在谈判立场下，各自只看到自己的"房间"，并将这种预设投射到另一方的概念中。

你现在可能会说，"在我的业务范围内，条款是清楚明白的"或"这种事情只发生在没有经验的谈判者身上"。然而，事实是在我的培训班上，无论是谈判老手还是商业人士往往正是因此而落败。有一个简单但非常行之有效的方法可以避免这种错误：主动倾听。在销售领域，主动倾听长期以来一直是"黄金法则"。然而不幸的是，在谈判中，谈判主角们接受的相关培训太少了。因此，就有必要进行"领地分析"，并运用主动倾听的技巧来更好地理解对方的意思。

那些第一次接触到主动倾听概念的人往往会觉得不可思议。

倾听也要主动进行吗？这不就是"集中精力聆听"吗？是的，集中精力固然重要，而且是不可或缺的。但单纯地集中精力并不能使我们取得任何进展，主动倾听包含着更多意味。虽然我们表面上处于所谓被动的听众角色，但我们可以引导对方，使他们的描述更加精确。主动倾听不仅有助于澄清概念，而且有助于培养关系。这种技巧给了对手空间，可以传达出赞赏的感觉。这听起来很简单，然而，主动倾听对许多人来说是一项困难的任务，至少在刚开始时是这样。

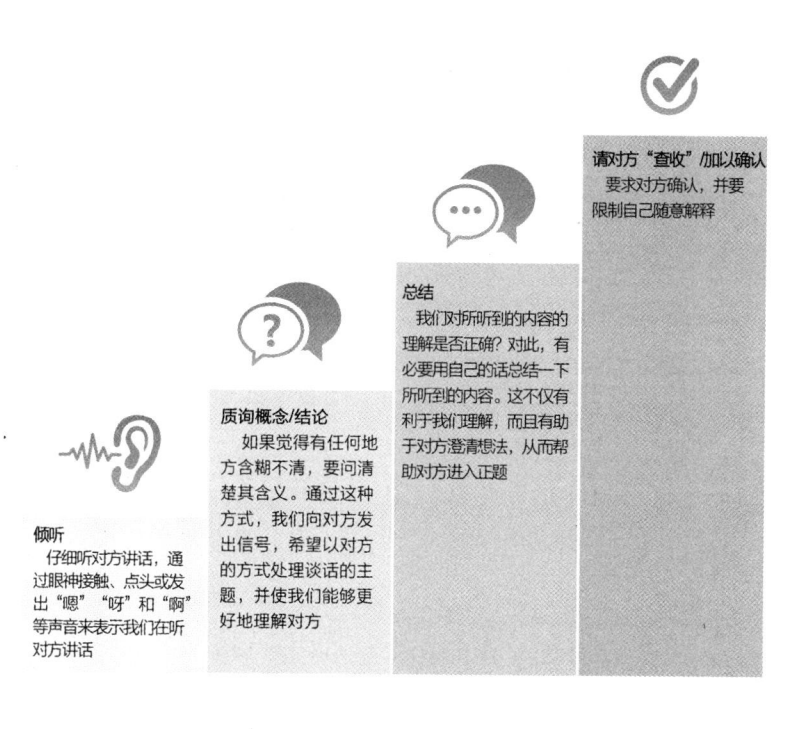

倾听
仔细听对方讲话，通过眼神接触、点头或发出"嗯""呀"和"啊"等声音来表示我们在听对方讲话

质询概念/结论
如果觉得有任何地方含糊不清，要问清楚其含义。通过这种方式，我们向对方发出信号，希望以对方的方式处理谈话的主题，并使我们能够更好地理解对方

总结
我们对所听到的内容的理解是否正确？对此，有必要用自己的话总结一下所听到的内容。这不仅有利于我们理解，而且有助于对方澄清想法，从而帮助对方进入正题

请对方"查收"加以确认
要求对方确认，并要限制自己随意解释

下面这个练习我在培训课上也使用过：我要求参与者回忆并描述他们特别紧张的情形，而另一个参与者必须主动地仔细倾

听。练习时间限制在 7 分钟。一方通常可以保持主动倾听三四分钟。但随后，主动倾听者转变了自己的角色：他停止分析，转而开始对参与者所讲的内容进行评论，或为对方摆脱困难提出建议。这是一个致命的错误。毕竟，谁希望听到不请自来的建议呢？大多数人都会将其视为一种完全侵略性的行为。这种行为可以搅乱任何谈判的气氛。此外，这样也无法通过提问在对方那里获得好感，从而明确对方对个别概念的理解，以致错过了解对方是如何评估某些议题的重要机会。

往往没有必要为了让对方发言而拟定问题。我们可以简单地"映射"，也就是重复相应的话语并添加一个问号。比如说：

- ✓ "我们必须尽快结束谈判。"——"尽快是多快？"
- ✓ "我觉得在几个小时内就可以。"——"到底几个小时？"
- ✓ "最多三个小时吧。"

这有什么用呢？通过每次以问题的形式重复一个决定性的词，我们不仅在向对手表明我们不单单在仔细听，并且还尝试着理解，我们的这个信号对建立信任也有积极作用。这表示，我们不会用自己的滔滔不绝打断对方的话，尤其是在危机情况下，这一点显得格外重要。然而，更重要的是，它能鼓励对方对问题做出回应。就对手而言，他希望被理解，并会自然而然地解释他对这个词的理解。因此，这种以问题形式出现的对概念的重复能够帮助我们明确一些问题，这是实现谈判成功的重要一步。在重复的过程中，抽象的"尽快"变成了具体的三个小时。

我曾经见证过，在联邦政府开展的大规模科学活动中，政府说到希望工业界做出"清晰可见的表率"。我们知道，最早从爱因斯坦开始，一切都是相对的。相关的行业协会自然有自己的想法：通过举办晚宴的方式，协会主席在宴会上抛头露面，从而尽可能地展示该行业所取得的广泛成就。然而，政府却忽略了对这些概念的澄清。政府主管部门代表实际上指的是充裕的财政支持。如果双方在此之前就此问题达成共识，就可以避免让众多企业产生不满情绪。

请务必注意，如果一个概念已经被澄清，就暂时不要对其进行评价。如果对方把"合适的车"理解成是一辆带有白色的真皮座椅的黑色敞篷保时捷，虽然这对你而言可能毫无品位，你可能立刻想要发出反驳的声音，但请先按捺住自己。不要将"只有颓废的涡轮增压资本家才开这样的车"这样的话说出口，但只是按捺住不说这样的话是不够的。肢体语言和面部表情也是很重要的，因此还需要按捺住自己的肢体语言和面部表情。我们要避免，如惊恐地后退、恼怒地翻白眼、冷笑、轻蔑地吸气或呼气等动作，也不要妄加评论说将"鸭子"（雪铁龙 2CV 的绰号）作为一种交通工具才是左翼和绿色生活哲学的代表。黄金法则：一个人利用澄清概念的方式进入对方的思想世界，但不要对此进行评判。这里的评判既包括口头上的语言评论，也包括表情、动作、神态等非口头上的评论。正如保罗·瓦兹拉威克（Paul Watzlawick）[1] 所言："人无法做到完全不交流。"因为面对别人

---

[1] 奥地利裔美籍家庭治疗师、心理学家、传播理论学家与哲学家。——译者注

时，即使你没有说任何语言，也会展现某种行为，而这也是交流的一部分。毕竟人们总不能一动也不动。

在主动听取意见时，可以按照如下四个步骤进行：

第一步：集中注意力仔细听。身体要面向说话者，尽量表现得温和，通过所谓的嘀咕疗法——将"嗯""啊"或点头示意穿插其中表示你正在听讲。重要的是：你发出的信号应该是你在关注对方，而不是对内容评头论足。

第二步：有针对性地提问。一旦提到与谈判相关的概念，例如描述需求的概念，如"公务用车"等，应该立即详细问清楚。在提问时，应该使用诸如"对此我有一个问题""我想要更好地理解""我想知道您具体是什么意思"等表达。然而，句子也好，单字也好，要记住始终只问一个问题，然后保持沉默。只有这样你才能搞清楚谈话中一个接一个的概念，从而确保你不会错过任何东西。

第三步：转述。用自己的话来总结对方所说的内容，也要清楚地映射出你所理解的概念的含义。这一步通常是最能暴露出误解的地方。

第四步：得到对方的确认"收据"。在第三阶段的总结之后，可以用下面这句话来结尾："那么我的理解是正确的吗？"有了对方的确认，相当于得到了一个"收据"，一个概念就变得明确了，同时我们也应该以书面形式记录下来。顺便说一下，这种技巧也可以在澄清利益的阶段运用。

每隔两三个问题，要解释一下我们询问的原因，这样谈话的气氛就不会那么紧张，对手也不会"退缩"。如果在对面坐着的是一名"臭名昭著"的谈判者，几乎不给别人提问的机会，那么下面这个技巧应该会帮上你的忙：在短时间内暂停主动倾听，然后将注意力明显地从正在说话的人身上移开，暂时停止点头。这样他就会注意到我们不再关注他了，提问的机会也就来了。

或者，在第二步，可以简单地以问题的形式映射个别相关的词语，以迫使谈判对手更深入地澄清概念。

然而，需要澄清的不仅是内容上的某些概念，还有情感方面的问题。比如你觉得对方因为有错误的估计从而产生了缺乏信任的迹象，导致和谈判对手之间有什么隔阂，这时就需要澄清情感方面的某些关键概念。虽然这可能很困难，但也得提出问题以搞清楚情况。否则，我们将会在整个谈判过程中受其所累，不仅要耗费时间，最坏的情况甚至可能牺牲掉整个谈判。

语气也是很重要的。如果在谈判中感觉到谈判对手语气不好或不愿意合作，千万不要把这一点作为一种判断直接表达出来。永远不要说："你是不是不满意？""你怎么不听？""你害怕了吧？"对方会自动把这种判断性的表述理解为一种攻击。我们应该通过战术性共情的方式来建立联系，而不是激起你的谈判对手对这些论断进行反击的欲望。如果在这里运用了语气词，情况就完全不同了："我看您好像不太满意的样子。""在我看来，您对我们到目前为止所讨论的问题还是不那么满意？""我感觉您好像害怕被伤害？""我觉得，您是不是认为我在骗您？"

当我们仔细观察对手并分析其行为时，这类问题就会出现。因为很少有人会直接解决他们内心的不舒服。通过用长句子和温和的表达，证明我们能站在对方的角度考虑问题，他的感受对我们而言很重要。试图利用这种所谓的情绪标签，准确地解决对手的情绪问题。

谈判者必须始终清楚，他所做的一切或没做的一切，都会传达出信息，会被人解读并引发一系列反应。因此，在澄清概念时，他必须确保积极主动地注意周围的一切。最重要的是，谈判者要把自己从自己之前的假设中解放出来。如果谈判中忙于应对自己头脑中的假设，就会失去对正在发生的事情的关注，可能会错过某个关键信息，而这个信息可能与谈判目标紧密相关。

阶段小结

- 必须始终澄清与谈判相关的概念。这将为下一步节省宝贵的时间。
- 不要想当然地认为自己知道对方使用的概念背后的含义是什么，而是一定要询问。
  - 按四个步骤进行：倾听、询问、转述和确认。
  - 或者使用问题的形式并加以映射。
- 运用情感标签的技巧解决负面情绪。

定在脑中的"锚"

工会和管理层之间的谈判陷入了僵局。来自金融部门的公司因银行危机而被迫调整结构并缩减开支。倒闭不可避免,工作也岌岌可危。这是一个多么令人沮丧的局面,对管理层而言也是如此,他们正在与工会的人讨论公司转型的模式。工会方面的谈判代表是一名女性,她是一位关心每个员工,把每个人的命运放在心上,并且能够极其巧妙地行事的女人。她的对手是一名男性,一个习惯于处在领袖地位的人,一个做事不会自我怀疑我行我素的人。这两种截然不同类型的人现在坐在谈判桌前,需要就成千上万名员工的命运进行谈判。

工会代表突然俯身在桌子上,凝视着她的对手的眼睛,谨慎地笑了笑,声音里带着强调说道:"我听你的员工说,他们对你非常尊敬。还有人向我介绍,你是如何照顾生病的经理的。你觉得你是一个有社会责任感的领导者吗?"接下来她什么也没有说,她在等待,她成功了:她的同行做出了肯定的回答,并做出相应的承诺。在进一步的谈判中,他突然准备给工会增加福利。

发生了什么事?这位女士成功地设定了一个锚。她通过她的话语在她的对手那里引发了一些效应。

对方总不能否认自己是一个有社会责任感的领导者吧?如果不能否认,他就要承认自己有社会责任感,那么这个承认的态度会给大脑以刺激,使其行为与想法相一致。在心理学术语中,这种情况被称为"认知失调",就是我们的大脑总是希望使态度和行为一致，否则就会产生一种不愉快的情绪状态。这是因为每个人都有好几种认知（感知、思想、观点、态度、欲望或行为），而这几种认知并不都是一致的。每当大脑认为行为和认知互相矛盾的时候，就会出现生理性的兴奋。此时大脑便会试图平复这种兴奋。总之，认知失调会使人无意识地去调整相应的认知。

对于经理而言，他现在已经是一个"被社会认可的有社会责任感的经理"了，这一认知有决定性的作用。

所有进一步的"行为"现在都受到这种认知的影响，以"对社会没有责任感"的身份行事会更加困难。也就是说，这位男经理要简单地拒绝对方的要求变得更加困难。在这个过程中认知锚起到了一定的作用。这是一个简单的锚定战术，却大大改变了对方的行为方式。

我们在很多地方都能遇到锚，锚是一种行之有效的影响手段。

你遇到过这种情况吗？在促销甩卖中你看到一件衣服，衣服上标着划掉的原价格和促销的新价，你就会被降价吸引，不再质疑新价格是否仍然过高。你甚至不怀疑你是否真的需要一件新毛衣。为什么要问？毕竟，东西便宜了这么多，机不可失。毕竟，现在要是买下就相当于省了……如果你对这样的场景很熟悉，那么你已经落入锚的圈套。

锚在每个谈判中都发挥着重要作用。因此，应该在架构谈判最开始时就设定锚。在初始阶段设定的锚，会对对方的决定产生很大的影响。从谈判结构上看，我们都试图尽快对与我们相关的话题做出明确的陈述，但我们可以利用的知识有限。而设定锚恰恰与这一现象有关：在谈判中，我们试图根据从对方那里获取的信息得出某些结论。但在这种情况下，我们很难核实对方提供的信息是否具有真实性。因此，如果有人告诉我们某个商品的价格或向我们提出报价，我们便会先尝试对这些信息进行分类。我们会自动以这个价格为参照物，让它成为谈判的支点。因此，我们会偏离自己预先计划的起始位置而走向对方抛出的锚。有时我们甚至根本还没有谈到自己的立场，就被对方的锚带走了。因此在早期设定锚很重要。

　　澄清概念、分析动机和设定锚同样重要。它们相互融合、相辅相成，有时锚会不参与其中。锚只需要抛出一次，必要时可以重复一次。如果应用得当，重复立场可以为自己增加可信度。这样，提出需求就不会被认为是虚张声势。另外，比起滑向相反立场，它增加了迈向谈判核心的可能性。但细节决定一切，意外情况经常发生。如果不小心，这样的态度也会被解读为我们不会妥协，在最坏的情况下会危及谈判。从这一点上可以清楚地看到，在谈判期间保持双方稳定的关系是多么重要。

　　第一个提议的影响在心理学中也被广泛研究，并且这种影响是深远的。设定锚的人希望为对方提供一个极端但现实的开局立场，从而在对方心中锚定该立场。如果对方引用我们自己的锚定立场，哪怕只是为了拒绝这个锚，这个立场在他们的思维中也会变得更加根深蒂固，即使这与他们的意愿相悖。谈判对手在重复相反立场时往往会忘记自己的立场，然后再沿着我们设定的锚继续谈判。

关于"锚定效应"有相关的系列研究。美国心理学家阿摩司·特沃斯基（Amos Tversky）和诺贝尔经济学奖获得者丹尼尔·卡尼曼曾经证明：锚有时甚至不需要与主体产生任何关系，也能达到效果。在俄勒冈大学的一个实验中，卡尼曼让学生转动幸运转轮，并写下自己转到的数字。学生不知道的是，转轮只会停在 10 点或 65 点上。然后，不论他们转到哪，他们都要回答以下问题："非洲国家在联合国成员方中的比例是大于还是小于你刚才写下的数字？"此外，"你觉得，非洲国家在联合国所占比例是多少？"你可能会问，幸运数字和这些问题之间有什么关系呢？这从客观上讲根本没有什么关系，但从心理学上讲幸运数字确实有它的意义。当你看到评估结果时，就会清楚：那些在幸运转轮上转出 10 点的人估计非洲国家在联合国成员方中的比例平均值为 25%，那些转出 65 点的人给出的估计均值是 45%。（具体每个人估计的数值是多少并不重要。）

另一个惊人的结果是由美国行为经济学家丹·艾瑞里（Dan Ariely）提供的。他邀请一些不懂行情的人参加葡萄酒拍卖会，由于缺乏专业知识，没有一个参与者对葡萄酒的真正价值有具体的概念。在活动开始时，艾瑞里要求参与者在一张纸上写下他们社保号码的最后两位数字。然后，他介绍了葡萄酒并要求各组为葡萄酒开出一个价格。有趣的是，社保号码最后两位数字较小的测试者平均开出了大约 8.65 美元的价格，那些数字较大的测试者则愿意支付 27.91 美元。社保号码和报价之间的关联性在心理学上是不可否认的。

更为诡异的是心理学家克莱顿·R.克里奇（Clayton R. Critcher）和托马斯·吉洛维奇（Thomas Gilovich）的实验：他们邀请客人到一家餐厅吃饭。他们对一组人称餐厅为"17号工作室"，而对另一组人则称其为"97号工作室"。餐厅的装潢、菜品报价和服务等一切都完全一致。最后发现，被告知为"97号工作室"的客人比被告知为"17号工作室"的客人平均多给了8美元的小费。

这是怎么回事呢？锚的作用方式有两种：第一种是作为一种无意识的暗示锚激活了一种匹配机制，然后会影响判断。在心理学上，这被称为促发作用（Priming），即诱导性的刺激。第二种作用方式对于价格谈判来说要重要得多。锚为有意识的思路提供了参考值，该思路会导向理性的合理判断。这也叫作适应性启发法。这个词是什么意思？如果我在谈判中提出一个最初的开价，它就会成为对手的参考值。接下来所做的一切，都是由这个开端所引出的，因此在早期设定一个锚是格外重要的。简而言之，谁先抛出锚谁就赢了，虽然不是百分之百，但事实经常如此。在价格谈判中，应该区分要设定相对锚还是绝对锚。相对锚是与某物进行比较得到的，而绝对锚，总是以一个数字为基础，一个明确的数字，如一个价格或一个百分比。我们在商业中可以察觉到绝对锚，在与犯罪嫌疑人谈判时也是如此。在审讯一名杀人犯以获取其背后主谋的信息时，我提出如果供出背后主谋他可能被纳入证人保护计划。由于这涉及犯罪结构中谁是主犯，他本人处于选择的十字路口，因此他对该方案非常感兴趣。为了增加压力,我们告诉他证人保护计划也考虑了其他人选。随后压力再次增加,我们说只有那些首先全面作证的人才会被考虑纳入证人保护计划。这个计划对所有人有效,但只有第一个在10分钟内作证的人才能得到这个机会。只有这样,检察院才能立即申请所需的文件。对于这个锚,我们控制了两个元素:竞争和时间。

这种锚定程序在经济环境中也被频繁运用。例如,在卡特尔谈判①(Kartellverhandlung)中。那些首先就卡特尔协议全面作证的人会被承诺免于起诉或减刑。你觉得这有犯罪的嫌疑吗?当然,但这可是在和罪犯谈判,这个办法的最终目的是在更大程度上为检方服务。这就是人们有时所谓的"你死我活",这也是这个技巧的名称。

锚确实有魔力,它们在谈判中可以发挥作用,在销售中也是一样。例如,商家提供给我们一个从39.99欧元降价到29.99欧元的折扣,我们的大脑会迅速地计算出这节省了大约25%。这个相对的锚有很强的作用。与原价相比,这显然是一笔好买卖。

另一个例子是这样的。一位销售人员说道:"我们提供如奔驰般优质、安全的德国品牌产品。这当然也是对安全的投资。这项服务的平均价格是每小时250~450欧元。"这也是一个相对的锚,因为在你的初步考虑中,每小时250欧元是你所预期的数额。而且,对手的底线也是250欧元,他很可能也会全神贯注地与你谈判,以达到250欧元。最后,你们甚至可以在这个数

---

① 卡特尔指垄断机构,卡特尔谈判通常指反垄断谈判。——译者注

额上达成协议。

除了谈判中的要求，从锚的角度来看还有一件事也很重要——议程，无论是小范围的简短会议，还是有众多参与者参与的漫长会议均是如此。例如，在制药公司与医疗保险公司的谈判或涉及出售公司股份的谈判中，议程始终起着压倒性的作用。谁制定议程，谁就决定了谈判的进程。议程决定了谈判讨论什么，以什么顺序讨论，分配多少时间讨论，什么不能讨论。因此，不愉快的话题可以在制定议程时暂时排除在谈判之外，或推迟到以后再谈。

议程是一种控制手段。它决定了谈判的进程，也决定了谈判对手的思维进程。它可以帮助你在谈判中掌控谈判内容的顺序。因此，不小心放弃这一优势将是严重的疏忽，而自己设定议程也就显得格外重要，如果对方已经设定了议程，千万不要不加思索地全盘接纳。

在后一种情况下，还要考虑两个方面。首先，谈判对手当时已经想好了他要谈哪些话题，省略哪些话题。当然，后者并不会出现在议程上。你应该问自己如下问题：我自己如何在谈判中塑造议程？我的利益有哪些？我是想参与对方的游戏，还是想自己制定游戏规则？可以想象一下，自己对这些问题的看法有哪些。

其次，从心理学的角度来看，如果我们接受了对手的议程，也就满足了对半的第一个需求。而你知道，迅速满足的需求会带来什么结果：什么都没有。因此，我们必须把自己放在一个平等的位置上，介绍自己的议程要点。这样一来，对方不仅会注意到我们的意图，而且会采取相应的行动。在这里我们也明确地表明了：这里有人不允许自己被别人支配。

让我们具体想象一下谈判双方首次见面的情形：双方走到一起，在谈判桌前就座。正式部分从欢迎和介绍议程开始。谁来做这些呢？当然是提出议程的那个人。设定议程的人以他所确定的要点为基础引领整个谈判。这种情况是最顺心的。提出议程后，就立即能把控谈判的"舵轮"。然而，为了正确地使用这一强有力的工具，决不能将议程设置为副线。哪些项目是按什么顺序排列的，哪些项目是故意避开的，甚至是在什么时候和通过什么方式提出议程，所有这些都必须仔细考虑。这也适用于所有锚的变体。锚定战略是谈判准备工作的一个重要部分。可惜许多人试图甩掉锚，这是一个不可原谅的错误。

哪怕是足球或手球运动员，也不会在没有经过思考和准备的情况下试图在比赛中做出一个动作。不仅要做好准备，也要知道何时在比赛中运用，如在开球时，在角球时，在投球时，在中场休息后等。就像一个动作在没有准备的情况下会落空一样，如果在抛出锚时只是临时起意，那么锚定战略也会泡汤。

实施锚定战略的好时机是在第一至第三阶段之间，但这并不是强制性的，也可以在谈判前使用这个工具，这时的策略也被称为"散播种子"。例如，你可以通过第三方散布需求，顺便把它们散播到对方公司的采购部门或其他部门，如果你确信这些信息会到达相关的谈判对手那里。例如，我的"种子"是我官方说法中的下限，当然，这与我的真实下限没有任何关系，然后，当对方的相关部门把它当成建议给到我们的对手时，锚就设定成功了。

但是，当我们自己遇到锚时，该怎么做呢？通过阅读本节内容，你已经实现了第一个重要步骤：已经感受并识别出了锚。你将不再无助地任由别人摆布，也将不再受制于自己不由自主的冲动，将这些锚作为谈话的基础，更不会为了不受认知失调因素的影响而接受有观点立场的锚。你会注意到锚，但不采取行动。只有意识到这一点时，才能迅速反击，忽略掉设定的锚。

此外，事先做好功课也很重要。你必须事先明确目标到底是什么，你的要求有哪些具体条件。你将准备好自己的锚，并知道在什么时候和以什么方式在谈判中设置它们。

总结：
- 谁先设定自己的锚，谁就能决定对话的内容。
- 运用相对锚或绝对锚。
- 目的是向对方提供一个极端的但仍然是现实的开局立场，从而使其在对方的思维中打上烙印。
- 播下种子：事先向对方植入想法或立场，以便在谈判前就激起对方的情绪反应。
- 反复重复自己的立场：我的要求看起来是可信的，并渐近谈判的中心。
- 议程是第一个锚。因此，最好由己方提出议程，如果对方比我方快，无论如何都要对议程进行修改，以示威严。
- 运用认知锚，以便通过做出承诺来强制执行后续行为。

第三阶段：动机分析

"你好"，谈判专家试图从对方那里得到回应，但听筒里没有传来声音，甚至连呼吸声都听不到。然而，我们却松了一口气。经过两个半小时，对我们来说似乎漫长得没有尽头，对面房子里的劫持者终于有了反应。他拿起电话，对我们谈话的提议做出了回应。"你还好吗？"谈判专家问道，并再次介绍了自己。此时重要的是不要施加压力，也不要做出任何评判。尽管我们很想知道孩子的状况，但必须得忍住。电话那头的人仍然很为难。谈判专家重复了他的问题"你还好吗？"以表同情。最后，对面终于有了回应。起初是有声的呼气，然后他回答道："不好。""不好吗？"谈判专家以问题的形式重复了这句话，以映射的方式让对方继续说下去。短暂停顿后，劫持者用"是"表示肯定。现在，谈判专家保持沉默。劫持者继续自己的谈话。在这个过程中，需要注意的是要让他感觉到有人在倾听。最后他说："我在这里好孤独。"我们屏住了呼吸：是孩子出了什么问题吗？但他继续说："它一直在哭！""它一直在哭？"重点是"它"。"是的，它不舒服。"我们担心地交换了目光，而谈判专家没有改变语气，再次"映射"了劫匪的话，询问道："不舒服？""是的，它的情况不怎么样。我给了它牛奶，但它还是在尖叫！"这个孩子可能患有胃痉挛。

谈判专家再次以问题的形式重复了最后一句话。重要的是仍然不要给出任何建议，以免给对方施加压力，而是要收集信息。我们要分析他的行为动机。"我不知道该怎么做。"这句话终于从劫持者口中说了出来。"你不知道该怎么做？""我不知道怎么带小孩！"我们互相看了看，松了口气。他是在说孩子，不是说什么雏鸟之类的动物，他经常这样称呼他妻子。这也就意味着孩子没有沦为一个物品。他现在把孩子当作一个人。

在这种情况下，我们没有自己提出建议，是因为我们必须测试劫持者是否仍有能力自己找到解决方案。我们也不想激起任何抵触情绪。最后，他说："我需要帮助。""帮助？""我需要母亲！""母亲？"谈判专家问道。短暂的停顿后，劫持者说："我的妻子！"

最后，他透露了他的需求。谈判的范围也因此敞开了。谈判专家问道："你和你的妻子在一起会不会感觉更好些？"劫持者立刻回答："是的！"当然，我们不能只让他的妻子加入，也不能做出任何承诺。然而，我们不能让谈话中断。"我们怎么才能找到你妻子？"谈判专家问。突然间，劫持者开始了思考，这也在暗示他，他仍然处在控制之中，但没有被逼迫。他回答："我犯了错误。""错误？""我对她大喊大叫。我对她来说是反社会的。我威胁了她。"他回忆起各种日常碎片，并正在完整地反思。

"我当时只是希望我的妻子回来！"谈判专家插话道："威胁她回来？""是的，用枪……但它不是真的。它是一把吓人的枪。""吓人的枪？"他告诉我们购买地点，我的同事立即印证了其准确性。接着谈判专家说："我们怎样做才能让你的妻子回来呢？""我把枪收起来了。"绑匪说道。"公寓里还有什么危险的东西吗？"谈判专家问。"刀子我也会收好。"劫持者回答道，他回答得很及时，没有多想。有趣的是，他没有谈及液化气罐。劫持者没有把它作为武器放在心上。谈判专家不得不问及液化气罐的位置："你不是还有一个液化气罐吗？""液化气罐在野营车里。"我们松了一口气，但危机还没有解除。

"你打算如何把枪和刀转移出公寓？"谈判专家问道，"你能把东西放到门外吗？""要是我妻子来，我可以这样做。""那孩子怎么办？"谈判专家问。"我也可以把孩子放出来！"我们松了一口气，孩子会平安无事。"我们该怎么做？"谈判专家问道。劫持者保持沉默。"看来你害怕受到伤害。"谈判专家以问题和陈述混合的方式说道。他打情感牌来共情。通过这种方式，他向劫持者展示了一条出路，但自己又相对保持了控制。"我很害怕孤独。我担心她会离开我。毕竟，她已经和别人有了一个孩子，而我没能和她生一个孩子。"这样一来，他行为背后的动机就很清楚了。他把孩子看作是竞争对手，并害怕失去他的妻子。此外，他俩没能有一个自己的孩子使他感到害怕，并使他陷入自我怀疑。他的出路是扬言要杀死自己和孩子。"你打开门，回到客厅，躺在地板上，摊开手脚，然后我的同事会平静地走进去，你不会有事的！"劫持者思考了一会儿。"你会来吗？"他最后问。"到时候我要和你待在一起。"谈判代表做出保证。劫持者同意了一切条件。由于娴熟的谈判和完美的团队配合，几小时前还极具戏剧性的局面已经得到改变。

这个案例体现了分析阶段的核心部分：动机分析。在谈判之初，就要努力将不信任转化为信任。因为正如牛津大学心理学教授凯文·达顿（Kevin Dutton）描述的那样，"不信任是说服的阻力""没有信任，就没有界限"。然后要换位思考，谈判参与者会开始处理对方在谈判中涉及的东西，字斟句酌，表现隐忍等。这很正常，就像在满是冰山的海洋中航行一样。诉求和立场像坚硬的山峰一样伸出水面，但在表面之下却隐藏着更重要的东西：真正的动机，诉求的真实原因。

分析这些动机对谈判的成功具有决定性意义，就像了解冰山的真正大小对航行的影响一样。因为，一方面对诉求的拒绝会被看作一种人身攻击。另一方面认识到另一方的利益和动机，会更好地理解另一方的行动。然而，与航海不同，谈判中我们不能利用技术工具帮助我们进行探索。我们必须理解一项需求背后的动机和利益，必须像剥洋葱一样逐渐剥出对方的真实意图。比如：什么东西会使对方痛苦，因为我们肯定要从他那里拿走一些东西。什么东西对对方而言会是收获。对方想要什么，或者对他而言什么才能在他所处的环境中代表标准价值。

下面的例子将会表明，动机分析对谈判过程是多么重要。在与劫持者的谈判中，劫持者要求一辆S级奔驰车作为逃亡工具；在雇主和雇员的谈判中，工会代表坚持要求将工资提高9%；一名员工向老板申请一辆公务用车。怎样处理这些问题？通常，要么让步，要么采取相反的立场——断然拒绝提供S级奔驰车；坦承涨薪9%不现实，说明因为他签的订单太少；不能享受公务用车待遇。这是立场与立场之间的对抗，双方都没有考虑到每个要求背后的动机。每一方都试图用论据来主张自己的立场。

任何曾经为某件事情，比如零用钱、加薪或购买价格进行过谈判的人都会扪心自问，为什么自己有理有据却被对方忽视。为什么另一方不愿意听从我们的论据？原因再明显不过了。但是，如果我们好好审视一下自己，就会发现：我们自己的争论通常会让我们意识到自己的"装备"有多好。然而这些论点在我们看来是好的，是结论性的，因为它们反映了我们自己的利益。但当涉及说服他人时，却没有什么帮助。只有在与对方的动机和需求产生某种联系的情况下，论点才能令人信服。否则，精心打磨过的优质论点就会前功尽弃。

如果有人从一开始就想辩论，这就像用猎枪向一个黑暗的房间射击，希望能以某种方式击中一个定在房间尽头的目标。可能有一两颗子弹命中了，但其余的全部落空。然而，在这个阶段，我们要做的是先照亮我们的目标房间。只有这样，我们才能看清并瞄准目标，我们的射击才能百发百中。我们要用的是精密步枪，而不是猎枪。这是唯一能准确命中对方利益和动机的方法，也是唯一确保我方论点能被真正感知和理解的方法。

劫持者已经在一家银行里藏了数个小时。支行经理、两名银行员工和一名带着狗的客户都处于他的控制之下。我们已经在银行前占据了位置，准备在必要时采取行动。劫持者是惯犯。虽然他只有36岁，但他背负的监狱生涯已长达16年。入室盗窃、偷窃和抢劫银行在他的记录中像串珠一样串成一串。这次他没能及时离开银行，因此不得不劫持人质。我们曾通过电话与他取得联系。他相对比较冷静，他几乎半辈子都在与警察谈判。他很快提出了自己的要求："我想要一架直升机！""然后我就会释放人质！""直升机？"谈判专家问。"是的，你没听错！""谁把它开过来？""当然是某个飞行员！""我应该怎么做，再给你一个人质吗？"谈判专家问道。劫持者挂断了电话。

稍后我们又与他取得了联系。那天很热，银行里没有空调。这一次，劫持者的声音不再那么冷静，他听起来很恼火，真的很生气。"你听上去不太舒服？"谈判专家开始了谈话。"那只狗在大厅里拉了一泡屎……恶心！"在一家小银行里这一定臭得很，炎热的天气加剧了臭味。整个特遣部队都没能让劫持者感到任何威胁，一只小狗却用自己的粪便让他感到不安。对我们来说，这至少是一个让带着狗的客户获释的机会："如果这只狗离开银行，可能会更好，这样就不会再发生这种情况了。"谈判专家说。"对，这只狗必须出去！""如果狗的主人留在里面，狗可能会不受控制。"谈判专家推断道。"告诉她和她的狗一起滚出去！"我们因此解救了一名人质。到此为止，一切都很顺利。但银行里仍有三名人质，而且该男子持有武器。

我们继续谈判。他要求将上文提到的高档轿车作为逃跑用车。"我们该怎么做？"他立即回答道："你们根本不可能给我车。你们会在下一个加油站逮捕我，或者之后在我开车时把我撞出公路。"他有经验，他知道他没机会逃走。那他为什么坚持这些夸张的要求？我们必须揭开他的动机。谈判专家使用了认知锚的战术，他利用了劫持者的认知失调。谈判专家让劫持者意识到，他的抢劫行为出现了一个意料之外的情况，这个情况甚至是他都没有计划过的。"你真的想绑架吗？！""不，我不想。进展很不顺利。""你是否意识到你的行为是有后果的？""我又得回到监狱！""但你可以得到较短的刑期。""我怎么才能做到这一点？""你觉得怎么才能做到这一点？""那我就得放弃，然后释放人质。我不能这样做！""你不能吗？"谈判专家再次使用问题形式的映射来了解动机。"监狱永远是狗屎——"谈判专家再次以问题的形式重复了最后一句话，下面的回答让我们进一步地了解了劫持者的动机："人们总得坚持。永远坚持。""一直坚持？""是的，每次都是。监狱里等级分明。"劫持者已经入狱数次。我们和他都知道那里是什么样子的。

监狱有明确的等级制度，而且犯人们往往事不关己高高挂起。可能发生的情况是，新入狱的人突然被打了，只是为了让他知道里面谁说了算。现在我们意识到：我们的对话者希望得到承诺，从而保护他在监狱中免受攻击。"如果我就这样放弃了，会显得我很失败！"他的回答证实了我们的想法。虽然他人高马大，剃着光头，身上有文身，也打了孔，看起来很嚣张，但他并不是一个暴徒。而且在监狱里人们很快就会发现这一点。"什么才能帮助你在等级制度中居高临下？""我决不能表现得像个懦夫。"他说道。我们想了一会儿："如果现在有一支特种部队冲进银行，并且使用了烟幕弹，最终才将你逮捕，是不是便不会有人认为你是个懦夫？""你们会这样做吗？""你觉得有用吗？""有用。"

我们和他就他与人质如何逃窜以及关于他的抓捕方式事宜达成一致意见。后来在新闻屏幕上播放的画面相当壮观。行动负责人在随后的新闻发布会上解释说，为制伏这名危险劫持者，我们不仅出动了三名特别行动突击队队员，而且使用了烟幕弹和眩晕手榴弹。对外的信息显示他是一个非常难对付的家伙！然而，在法庭上，正如我们之前所解释的那样，因为事先告知了检察官相关的情况，在判决时他就考虑了劫持者当时的合作意愿。在他的狱友面前，这名劫持者也硬气了起来，再也不仰人鼻息。他曾直接站在几名特别行动突击队队员面前，一动不动，神气得很。因为监狱里其他囚犯知道，他是一个曾经跟警察较量过，让警察花了大力气才成功抓捕的罪犯，所以都不敢招惹他。

另一个例子是我在陪同与工会进行谈判时见到的。可能是因为下一次选举即将到来，这场谈判对小组中的一名工会代表来说十分重要。要么是因为他自己想连任，要么就是他想在竞选中提出某些问题。这就是 PAIN 杠杆（"痛点"）的作用。工会代表的目的是保住他的位置。与公共利益相关的劳资谈判可以为他的选举活动提供素材，也可以为壮大己方阵营提供故事。

而对公务用车的需求，其背后的实际意图是为了获得大家的认可。只有当我们清楚这一点时，才能有目的地采取行动。我们可以找到其他为谈判对手利益服务的方法和手段，而不是非得给他一辆车，这是我们不想做也不能做的事情。

为什么要弄清立场和动机之间的区别呢？可以用一个例子，即"橙子模型"来说明。两个人都想要得到一个完整的橙子（立场）。然而，橙子只有一个。因此，二者的立场是对立的。这时该怎么办？大多数人都会非常务实地回答：把橙子分了吧，每人得到一半橙子，各自的需求也就满足了一半。这是典型的妥协，但这是最好的解决方案吗？要想获得完美的解决方案，就必须弄清二者的动机，了解他们立场背后的利益需求。

第三章　F.I.R.E. 控制理念：一步一步走向成功　113

在询问时，你了解到：甲想要橙汁，乙想用它来烤蛋糕。下一步是要全面了解他们各自的动机。为什么一个人想要橙汁，而另一个人需要橙子来烤蛋糕？为什么这一点如此重要？甲需要橙汁，因为他的妻子感冒了，维生素C能帮助她康复。乙主要对橙子的皮感兴趣，这是橙子最芳香的部分，它能给蛋糕带来香味。潜在的答案中隐藏着解决冲突的无数可能性。谈到维生素C，人们可以使用另一种柑橘类水果，或者去药店购买维生素制剂来获得。而乙的想法也可以用橙子味的烘焙香精来实现。一个皆大欢喜的解决方案也可以是，一个人得到橙子的汁，另一个人得到橙子的皮。这样各自立场下的基本利益也因此得以满足。

据说这个例子来自哈佛大学，几乎适用于所有谈判，它令人印象深刻地指出：对于一个优秀的谈判者来说，发挥决定性作用的不是对方的立场，而是他们的动机。对动机的了解越深入，可行的解决方案就越多。而如果只局限于纯粹的立场往往会限制解决方案的范围。

动机是多种多样的，必须针对不同的对象去单独探寻对方的动机是什么。然而，谈判中的大多数动机可以根据人类的基本需求进行分类，即安全、自我决定/控制、经济支出、归属感和认可。

例如，上文的银行劫持者主要关注的是满足"安全"需求——在监狱中不缺胳膊不少腿，被监狱的其他囚犯"认可"以及在监狱的等级制度中找到"归属感"。

当然，动机多样性不仅适用于谈判者个体，也适用于大型的谈判团体。如果想识别出谈判对手的动机，我们也应该始终意识到对手和我们一样处于一个复杂的关系网中,在这个网络中他和很多人都相互依赖。必须考虑这个关系网中和本次谈判有关的其他人,如上司、同事、团队、选民、配偶、子女、父母、朋友、邻居等。不同的人的关系网里包含的其他人也各不相同,如果能发现对方更多的动机,就能更好地引导谈判的走向。竞选者总是尽可能详尽地分析选民的动机,因为不同的选民群体有着不同的动机和利益。

如果我们不了解对方的动机,就只能站在自己的立场讨价还价,不但过程痛苦,而且也没有任何好处。也就是说,我们并没有真正地进行谈判,只是试图固守自己的战壕,以便用论据来捍卫自己的立场,试图将对方置于压力之下并战胜对手。最终结果却是痛苦、费力得来的妥协。目标实现了吗?不,这样的妥协不能被看作积极结果。妥协永远只是权宜之计,事实上妥协无法让人感到满意。在大多数情况下,也至少有一方会感到自己是个失败者,有时也可能双方都没有获得成功的感觉。

这不仅是一个主观感受上的问题,而且也会以一种敏感和持久的方式扰乱双方的关系,这种伤害远远超出当前谈判的范围。因为我们无法欺骗自己:人总归是人,自我意识总是在影响我们的行为。如果我们觉得自己在谈判中被人占了便宜,自然想在下一次谈判中努力找补,而忘记这可能会带来更大的损失。

无论是与劫持者、工会代表、推销员还是与老板谈判,我们都很少与单一的利益集团打交道。这涉及谈判对手的个人利益吗?背后是否还有其他人更大的利益范围,并且这些人对谈判中也有举足轻重的影响?这要靠你自己去发现。

通常而言，在谈判中需要满足多方利益。有时，甚至谈判者自己都不清楚自己的动机是什么，而只是知道立场本身。因此，了解谈判对手背后隐藏着的关系网就显得更加重要。例如，如果某位工会领导要求的涨薪幅度大得离谱，那么可能是因为他想吸引新成员。或者他可能想通过提出如此高的要求来巩固自己在内部竞争中的权力地位（即安全和认可的需求）——"看，我为员工们要求增加这么多工资，我的竞争对手甚至想都不敢想，下次选工会领导，还是得选我吧。"

动机可能是多方面的。如果可以弄清对方的动机，就不用特别争论立场的问题，反而会通过寻找其他可能的解决方法来取代争论，在神经语言学中这叫作"另辟蹊径"。这样一来，我们就不再只是为了钱而工作，也不再只是为公务用车而谈判。不，我们也可以针对其真实的动机去寻找其他更有利的手段来解决眼下的问题。因此，不要把自己局限在谈判对手提出的立场上，不如在谈判中更多地着眼于对方的潜在意图和真实动机。这看似简单，操作起来却很困难，因为当然没有人会把他们的动机和盘托出，我们必须自己努力找出对方的动机。但是该怎么做呢？

首先，不要应允对手的立场。既不要明确表示接受，也不要明确表示拒绝。毕竟，我们不希望进入争论性的交流，而是想要深入分析对方的动机。断然下结论对我们自己没有任何好处，只会限制我们的行动能力。与第二阶段类似，在理解概念之前需要通过提问理清概念的含义。在这里，我们也需根据流程按部就班地做。只有当你获得了最佳的信任基础，并且对手愿意提供信息时，才能直奔主题，问及动机。更加隐蔽的方式是"循规蹈矩"

地接近动机。因此，当涉及提出立场或要求时，重要的是要问及对方具体想的是什么。在这里，也可能需要用到让对方进一步做出解释的句式："你对……的理解是什么？""你能向我更详细地解释一下吗？"只有这样进一步地发问，并让对手给予解答，他的真正动机才能逐渐浮出水面。或者还可以通过重复来映射我们想搞清楚的概念，让对方做进一步的说明。

接下来，必须找出对手想通过他的诉求达成什么目的或有什么打算。要做到这一点，可以运用"怎样"问句。"怎样"在这里意味着征求意见，给对手一种他在掌控局面的感觉。这作为下一个问题的铺垫尤其重要："具体来讲，你觉得最后应该是什么样子？"或者你可以用两句话来概括："只是假设一下，如果我们完全这样做，结果应该是怎样的？"在这样试探之后，下面才是打开动机之门的关键问题："为何这对你很重要？""我想更好地了解，这对你有什么意义""对你而言这为何有这种意义？"在第二阶段学过的规则在这里同样适用：一次只问一个问题，然后停顿片刻，以严肃的态度等待回答。此外要注意，千万不要追问为什么。许多人把"为什么？"理解为追问他们关于道德价值观的问题。这会被认为是一种指责。这时得到的往往不是答案，而是反击，这在关系层面会产生负面影响。

分析动机对于开拓谈判的空间至关重要。如果只认准立场，不分析动机，回旋的余地就会非常小。橙子案例就是最好的证明。

如果我们能将自己在谈判中的论点与对方在痛苦、收益和常规动机方面的利益联系起来，那么谈判对手也会愿意听取我们的发言。因为当人们的期望或自己的需求得到满足时，总是会敞开心扉，主动倾听。通过分析动机，我们不仅照亮了之前黑暗的房间，使自己能够清楚地看到目标，而且还用必要的精密步枪取代了散弹猎枪，能够准确击中目标。这样一来，我们的论点能得到同行认同的机会就会增加，可以突然提出符合谈判对手利益的、恰恰也符合我们自己动机的提议。

在动机分析阶段收集到的所有额外的信息一定要以书面形式记录下来，这样我们就可以在后续的谈判中使用这些发现。此时，通过提问和澄清术语来印证我从对手那里得到的结果也很重要。再一次确认信息，在这里相当于拿到了对方开出的"收据"。为什么要这样做呢？因为对于谈判对手来说，其他人对谈判的任何议论都无关轻重，而自己所说的话是无法收回的。我们每"坐实"一句话，就会避免对手事后不承认某些事情，会让对手很难再反悔。因此，我们不仅在第二阶段"理解分析"中牵制了对手，而且也在第三阶段"动机分析"中牵制了他。我们也因此堵住了对手出尔反尔的路线，而堵住这条路线用到的就是对手自己曾经的言论。

在上文人质劫持的案例中，劫持者想通过上演一场大逃亡来获得未来狱友的认可和尊重，因此找到了如前文所述的解决方案。我们通过不断地分析动机确定，他预料到自己会被监禁，只想确保自己在监狱等级制度中的地位，从而避免成为监狱暴力的"受害者"，所以我们能够说服他做出所谓的投降。这样一来，他就不会表现得像一个"弱者"，而是会在顽强的抵抗下被特别工作组"制伏"，然后被带走，并且让所有摄像机都拍到。所以很明显，他自己已经战斗到了最后，这与他想成为"硬汉"的需求是一致的。

在上述与工会的谈判中，有人提出了其他的方案。但由于谈判者的动机是向外界展示工会的实力，并且由于内部权力斗争主要与自己挂钩，所以站在他的角度看要把谈判作为一种积极的市场营销：公司展示了自己的成功和谈判的强硬。这也改变了谈判取得成功的定义。我们给予他在媒体上的主要解释权。他可以讲述他个人的光辉历史，他是怎样与顽固的对手进行痛苦的谈判，并最终从对手那里取得了远超预期的收获。他会将自己作为赢家向外界宣传，他会声称工资的预期涨幅曾经很小，经过他的努力才没有使涨幅变得那么小。但是事实上工资的涨幅比预期的要小得多。我们得到了我们想要的实质利益就可以了，把虚荣心暂且放在一边，而让实际上失败的人在公众面前摆出胜利者的姿态。

员工请求公务用车的案例代表了另一种价值观念。员工没有得到昂贵的跑车，而是得到了一辆新车，以向外界展示他作为重要员工的地位。当然，这在公司里人尽皆知，其他员工知道有人因为他的业绩被褒奖了。该员工还在名片和公司架构图示上得到了"总经理"这个新头衔。根据不同人的不同特点，对一些人来说头衔的价值远远超过物质价值。因此，"总经理"头衔可以产生一种超越公务用车的光环，并且给他一个新头衔不一定等同于给他加薪或扩大他的权力。

结论：谈判中对手的立场通常只是为实际动机服务的一种手段。这些动机大多是基于人类的基本需求，如安全或认可，在谈判中并没有被点明，而是隐藏在立场的背后，因此一个优秀谈判者的任务就是明确并记录下这些动机，以防遗忘丢失。

在涉及动机的个人诉求询问时，要分三阶问题来进行：

（1）是什么？
你对这一点的理解是什么？
你能向我更详细地解释一下吗？
（2）怎么样？
谈判的结果看起来应该是怎样的？怎样做能够达成这样的结果？
（3）为什么？
为什么这对你来说很重要？为什么它对你有如此重要的意义？

在与大型团体进行谈判时，就我个人的经验而言，最好是先将立场具体化，再根据提出的问题分析关键动机。

以正确的语气提出正确的问题，是在谈判中扩大解决方案空间的重要前提条件。然而，和其他地方一样，提问时按部就班也很重要。没有耐心的人不适合这个位置。如果想要获得成功，就必须有耐心，细致地一步步走向解决方案。这包括挨个提出问题，得到满意的回答后再提出下一个问题。我在谈判中反复犯过的最大错误之一就是连环提问，即一下子抛出三四个问题。此时，即使是最善意的对手也不知道提问者到底想问什么。如果遇到没那么友善的对手，他就会从中挑出他想回答的问题来答，从而故意忽略其他问题。

也许，我们每个人在日常生活中都有过这样的体验。想象一下，你偶然遇到了某个人，你已经很久没有见过他了。你开心得不得了，但更加好奇，他有什么经历要跟你讲述。我们满怀热情，像机关枪一样"发射"我们的问题。后来，当你想跟别人讲述你的这次偶遇时，突然意识到有许多问题还没有得到回答，或者还需要跟进。然而所有这些都在旺盛的热情和大量的问题中被忽略了。在谈判中，一下子提出太多问题，也不可能得到清晰的答案，更无法帮助我们分析动机。在提出一个问题后，不等对方回应，就自己先回答，那会更糟糕。

让我们回到刚才与劫持者僵持的例子。想象一下，我们已经提出了一些问题，并且十分确定此时已经基本弄清了劫持者的动机。也许唯独缺少最后一点确定性。按照剧情发展，现在会有一个冷静的警察来刺激劫持者："听着，我的朋友，我们理解你。你想要 S 级车，只是为了以后可以在监狱里吹嘘。这样你就会被看作一个大人物而不是懦夫，而事实上你就是懦夫。不是吗？"在电影中，劫持者可能会崩溃，但在现实中，犯罪嫌疑人总是强烈地拒绝这种暗示。这种反应是完全可以理解的、本能的。毕竟，谁想要被别人告知自己的想法？所以要小心，不要自以为是地去做这种评判！

相反，循序渐进和谨慎的提问技巧可以确保对面的人感觉到你对他们感兴趣，这里也使用了战术性共情，有助于巩固双方的关系。但要谨记，我们提问的目的不是交新朋友，我们平易近人发问的唯一目的是主张我们的利益。我在这里强调的不是创造双赢的局面。相反，这里是要为自己创造一个能够赢得谈判的局面。当然，要以友好的语气和方式提问，但要继续在谈判中不断引导对手。

在研究动机时，我们要离开讨价还价的层面，目标是找出更大范围的可能的解决方案。因此，从所谓的确定范围开始，我们就要质疑对方的真实动机，并寻找利用潜在动机的可能性，从而满足我们自己的需求。

区分个人动机和集体动机也很重要。除了组织上的动机，还必须留意谈判对手背后可能还有谁。不能从狭义上来解读"组织"。还必须注意，在劫持者的背后，可能有一个帮派或一个犯罪集团。在工会的例子中，背后可能是其他工会成员或是和他竞争工会领导岗位的其他人。而面对卖方，组织可能是主管或公司。在出售公寓的例子中，我的谈判对象身后是他的妻子和孩子以及他们的动机。他的动机是希望有一个幸福的家庭，并得到孩子们的爱（认可和归属感）。孩子们每个人都想拥有自己的房间，在自己的房间里，孩子们有独立的决定权。而妻子的动机是支持孩子们的要求，并仍然能够照顾到孩子们，这也是出于家长对孩子的管理以及安全的需求。所有这些背后的动机都需要在特定的案例中进行探讨。

是的，我们也可以在一开始就列一个可能的动机清单，甚至可以在准备谈判时，在对手分析环节系统地罗列出可能的动机。然而，必须明白的是，这些都是预设条件。预设好比滤镜，我们会透过它来看待谈判。而我们可能会不由自主地过滤掉那些不能证实我们预设的东西。因此在谈判过程中，要不断检查之前的预设是否正确，否则就会在分析信息时变得粗心大意，用错误的概念和动机谈判，产生自欺欺人的效果，使局面对谈判对手有利。

> **阶段小结**
> - 不要应许对手的立场。
> - 不要说"是"，也不要说"不"。
> - 相反，要分析立场背后的动机。
> - 动机通常与多个基本需求相联系。
> - 动机可以是个人的（个人动机），也可以由于和他人之间有相互依赖的关系而产生（组织动机）。
> - 使用三步走的提问方式来了解动机：
>   1. 对此你的理解是什么？
>   2. 你觉得结果应该是怎样的？
>   3. 为什么这对你来说如此重要？
> - 一个问题接着一个问题地问，不要问一连串问题。
> - 问完每个问题之后稍作停顿，运用"沉默的力量"。
> - 如果你没有得到回答，就再问一次。
> - 经常地解释一下提问的理由。
> - 要不断去验证头脑中的预设。

第四阶段：掌控谈判

至第四阶段，可以说是进入了谈判的"肉搏战"阶段，也是谈判的核心阶段。这一阶段对谈判的结果具有决定性意义。现在，该开始磋商双方的要求了。然而，该阶段只有在前面的分析阶段一直进行得很顺利的情况下，才能充分发挥其潜力。第二阶段和第三阶段可能会比你预想的时间长一点。但在第四阶段，就可以省下这个时间。F.I.R.E.这一控制理念，不仅可以在谈判中使自己持续发挥引领作用，其优势还在于这是一种很经济的谈判方式。

与前几个阶段一样，稳扎稳打、逐步推进是关键。而现在终于可以把我们的一切要求说出口了。现在应该做的是提出要求，然后等待，如果对方接受了要求，无须等待对方准许就可以记录下来，如果被拒绝，要询问其原因。然后把我们的要求和对方的动机结合在一起分析。这时为了提这些要求而做的大量前期准备的重要性就显现了出来，因为正是这些大量的准备工作使我们在此时能够有话可谈。这时，我们的目的是不断扩大对自己有利的谈判结果。但每次只能提出一个要求，并稍作沉默，从而来观察对方的反应。始终保持头脑清醒，必要时重复自己的要求，但不要表现出审问的样子，并礼貌地敦促对方回答。在持续引导谈判进行的同时，要注意始终保持与对手共情。

在稳定关系层面上按部就班才是真正的硬性谈判。每个人都可以感情用事，大喊大叫，凭直觉行事，固执己见。即便这种行为有时会被视为强硬谈判，也毫无用处，因为这些人不知道有其他手段可以实现他们的利益。真正专业的谈判者行事按部就班且目标明确。他们掌控着谈判，也掌控着自己的情绪。虽然一开始很累，因为这需要更多的约束，但这种掌控非常重要，因为它确保了对谈判的控制。正如在任何比赛、任何运动项目中所说的那样，要实现目标就要克制，要有体系地向前推进。

如果准备工作做得一丝不苟，并且想好了众多需求，我们也就扩展出了更多的余地去解决问题，也就相当于在一个更宽广的基础上有更多畅所欲言的材料。

委婉语气是维系关系的纽带

在这里，提问再次发挥了突出的作用，因为要求是以问题的形式提出的，并且提问时坚持使用委婉语气提问是很重要的。这种策略的目的是让对方处于对话和思考过程中，让对方将他们的解决方案解释明白。如果一个方案是由我们自己确定的，而没有给对方解释的机会，就容易遇到阻力，或者被反驳。在之前建立联系阶段和动机分析阶段建立起来的信任就可能被破坏，不信任会再次卷土重来。结果就是对方的警报系统会再次响起，对方会更加主动地抵触你所讲的内容。在谈判初期通常会发生这种情况，但到了现在这个阶段我们可不想再次唤起这种态度。

如果在表述和提出解决方案时语气强硬，谈判对手可能会对你产生抵触情绪，因为他会认为我们不想跟他商量，已经准备好了解决方案。而委婉语气和经常提问的形式则表明，谈判对手也是制定这个解决方案的参与者。以提问的形式向他征求意见，把他拉回到谈判中。这纯粹是一种心理学战术：被征求意见的人会感到被重视和被包容。通过使用委婉语气，我们也为对手创造了一个舒适区，可以说，对手的预警系统没有全副武装，因为他没有感到威胁。我们传递给谈判对手一种让他掌控局面的感觉。同时，也可以动员对手一同进行创造性的思考，贡献自己的力量。这也是一种使对手进入谈判解决方案的友好胁迫。

现在我们处于谈判的关键节点。任何表明他已经完全掌握了谈判结果的人，都会被认为是自我中心主义者。而以自我为中心的行为会导致对方的拒绝和阻挠，即便是可接受的提议，通常也会被拒绝。

英国是一个典型的贸易国家，而英国人则是用委婉语气完成谈判的高手。这是他们谈判的常规语言模式，并且运用得炉火纯青。这在德国的语言使用中不太常见，即便德国是一个经济发达的国家，但它不是一个传统意义上的贸易国家。与我们的邻居英国和荷兰不同，除了汉萨同盟之外，德国人并不是出海贸易的好手。德国人的祖先并喜欢不在集市和交易场所进行社交活动，而正是在这些场所，货物被交易到远方。从过去到现在德国人都是求索者，而不是战略家。德国的实力体现在思想和工程建造上。这也对德国人的沟通风格产生了影响：喜欢直截了当、高效的沟通方式，是严谨科技的形象代言人。作为德国人我们为自己的直截了当感到自豪，却常常忽略了它对别人，甚至是对来自同一文化圈的人显得多么无理和冷酷。德国人经常以固定和坚定的表述开始谈判，但常常会直接碰壁，激起谈判对手的抵触情绪，然后自己也觉得这样好像真的不合适。这纯粹是因为他们没有能够从战术和同理心理学的角度进行谈判。德国人的谈判方式也因此被认为是傲慢无礼的，而且常常损害彼此之间的良好关系。

与此同时，德国前总理默克尔却在国际上被视为"自由世界的领导者"而受到高度尊重：她倾听、询问并在不暴露自己立场的情况下给对方留面子的谈判方式，使她在与普京、特朗普或埃尔多安等人物的谈判中成为希望之光。相反，在德国，人们指责她没有明确表明自己的立场，优柔寡断，无法迅速作出承诺。她的同僚们经常不能理解她的委婉语气，但该语气却像情感的纽带一样发挥着作用。我们也可以在自己身上试验一下：如果用"您能设想到这会是什么样的吗？"或"您可以设想下"或"您能想象得到吗？"来表述一项要求，难道不比有人对我们说："必须得这样做……"或"务必最好这样做"或"那么解决方案一定得是……"更让人感到舒服吗？

运用"必须""务必""一定"等词汇，会让对方觉得别无选择，会导致对方内心的抵制和拒绝。除了这些词以外，还有一些人喜欢在陈述自己的世界观模型时使用概括性词汇，如"一切""总是""每个人"等，这些词也会使人联想到以自我为中心的形象，因此不要轻易使用这样的词汇。

我们在这里将集中讨论"必须"。"必须"这个词表明，只能接受有关的决策而没有其他选项。这与人们本身想要自己做主的需求相背，违反了谈判桌上对自尊的需求，从而容易让对方内心产生阻力。此时，人类大脑中的边缘系统处于警戒状态，因为它自觉地将这种表述解读为攻击。作为回应，人们要么攻击要么逃离。逃离意味着对手对我们所说的话根本不做反应，而是试图转移话题。攻击有时意味着对手做出激烈反应，并一定会说一些反对的话，因为对手不想受制于人，所以他要予以反击。问题是，这时人们关注的并不是谈话的内容本身，而是关注在人际关系层面自己可能受到的冒犯。

另外，如果我们使用委婉的询问句，比如"我们能不能……？"，可以让对方有自主决定的感觉。这些词从心理上暗示了对方对谈判过程有着一定的控制权，并且同时这也能让其感觉到被重视。这是寻找建设性解决方案的另一个基础。听到这些词，对方就不会急于发火，不会总是想着如何反击，不会在人际关系层面攻击对方。

让我们回到上文的例子中，现在把己方需求的介绍与对方的动机分析联系起来。以劳资协议谈判为例，我们可以这样表述："考虑到即将到来的工会选举，你能否考虑一下，我们共同提出的每年涨幅1.7%，这个谈判结果也是你的成功，体现着你艰苦谈判的结果。"在员工的用车谈判中可以这样说："你能否考虑一下除了公务车，或许你可以得到一个更显而易见的奖励，比如在你名片上加一个更高的新头衔怎么样？我们给你一个更高的新头衔，不仅表明公司对你表现的认可，同时也表示公司将继续支持你未来在职业上的发展。"

但这只有在员工的动机是"获得内部认可"，而劳资委员会的动机是"连任"的情况下才会成功。在这一点上，做出决定要三思而后行。

否定是肯定之母

当然，热情的肯定回答不一定会立即出现。但是，不要害怕被拒绝。"每一个否定都让我更接近成功"，达拉斯独行侠队[①]的

[①] 达拉斯独行侠队，曾用译名达拉斯小牛队。——译者注

128　FBI谈判术

老板、亿万富翁马克·丘班（Mark Cuban）曾这样说过。在每一次的否定中都含有更多关于谈判内容或对手性格特点的信息。这些信息就可能让我们发现他的其他动机，或者发觉他在虚张声势，也可能让我们接触到他的一些合理的异议或欺骗性的借口。因此，得到否定回答时不必惊慌，而要继续以掌控的方式向前推进。

如果谈判对手在这时拒绝了提议，并说他无法预测结果，那么我们不应该直接放弃，而应该继续谈判。这是因为对方的拒绝意味着我们可以再次启动对动机的分析。因此，必须再次提问并且针对被拒绝的提议提出询问："为什么您不同意这个提议？"或者说"具体是什么阻碍了您？"对方的回答会表明一切。是我们起初没有搞清楚动机吗？还是对方在放烟幕弹？这也就决定了我们面对的反对意见是否合理，是否与动机相关，是否只是一种借口、一种战术性的欺骗。如果出现了与之前所分析的动机完全相反的动机，那么也就必须再次好好分析动机。

解决冲突

当然，在谈判中，人们不希望上当受骗，即虚张声势的战术性欺骗。然而，即使遇到这种情况，也绝对不要说："我听到你刚才说了一些不一样的话。你在撒谎！"或者"这和你刚才说的完全不一样。你说的和实际不符吧？"做出诸如此类反应是错误的，这是一种攻击，只会导致对方也进入攻击模式，从而为自己辩护，也会质疑攻击者的价值取向。做出这种行为时，双方就脱离了谈判的主线，双方的关系也会僵化，留下一地狼藉。在最糟糟的情况下，矛盾还会升级。

此时，你应该做的是牢记你的目标，并再次提出精准的问题。

回到公务用车的例子，对方可能做出如下反应：

- ✓ "您能否考虑一下，将公务用车更换为一个更显而易见的奖励，比如一个更高的新头衔怎么样？我们给您一个更高的新头衔，不仅表明公司对您表现的认可，同时也表示公司将继续支持您未来在职业上的发展。"
- ✓ "但我也需要公司的车，这样我就可以在电话中更有效地与客户沟通。"
- ✓ "更有效地在电话中沟通？"
- ✓ "坐火车的时候几乎不可能打电话，因为我身旁总是坐着很多人。"

你可能还记得：该员工最初谈到需要这辆车，目的是得到公司更明显的肯定。但现在他把与客户打电话放在了首位。然而，如果这名员工在日常工作中，很少商务出差，而通常是坐飞机或火车拜访客户，那么就出现了一个需要解决的矛盾。

"X先生，我早些时候注意到，您申请公务用车是因为注重在工作团队中的领导地位。现在我听来，如何与客户高效打电话是更重要的问题，也是您想要申请公务用车的真正原因。您能帮我把这两件事联系起来吗？"所以在这个阶段，最好采用四步走的方式来应对：第一，进行分析；第二，解决矛盾；第三，寻求建议；第四，保持沉默。

然而在谈判中可以被察觉到的矛盾不一定是虚张声势。也许我们在谈判过程中还忽略了什么东西，但也许这些矛盾的确是用来虚张声势的，所以要仔细辨别。谈及矛盾同时也是在明确地表示：我在听你讲话。对于说假话的人来说，这是一个警告信号。对说真话的人来说，这表明我们对他所说的话真正感兴趣。这样一来我们就不会出错，同时还可以运用"以牙还牙"原则。

"以牙还牙"

"以牙还牙"还可以表述为"以眼还眼"或"针锋相对"。在博弈论中，"以牙还牙"是指一种参与者的策略，即在多级博弈中第一轮合作中表现出"友好"的一面，然后在前期以和对手同样的方式行事。如果对方在前期愿意合作，那么我们也要相应地表现出合作意愿。然而，如果对手在之前的回合表现得"不友好"，那我们也要以不友好的行为反击。因此，在谈判中，任何不公平的行为都必须受到制裁，虚张声势也好，其他形式的挑衅也好。

要仔细研究每一个矛盾、每一次虚张声势、每一个挑衅，同时还需注意以下规则：

（1）自己要始终保持合作的态度，不要挑衅（从之前的谈判阶段我们已经知道了原因）。
（2）如果对方表现得不愿合作，要立即做出反应。
（3）做出反击后要及时恢复合作。
（4）自己的行为要明确和可预测。

这种策略的成功性在于其信号效应和可预测性，它虽然简单，但很强大，并在计算机的数十万次模拟中脱颖而出。如果对手愿意合作，他绝不会失望。然而，如果谈判对手脱离了合作的循环，我们可以用这个策略把他带回谈判中。每一次挑衅都像一颗种子，会自我繁殖。如果置之不理，就会有更多的挑衅接踵而至，通常比第一次还要强。在每次矛盾解决之后，我们需要表现出愿意继续合作的样子，并抱有同理心加以应对。

但是，如果对方在我们说话的时候一直心不在焉，或者摇头、玩手机，甚至发表挑衅性的评论呢？我们可以这样应对："这个话题的复杂性似乎超出了你的心理承受能力。"或者"这个问题牵扯到数字，我看得出来，这不是你的强项。"

也可以谈及对方的小动作，可以采取以下话术：

- ✓ "我已经注意到好几次了，我说话的时候你不是心不在焉就是不断摇头。这在我看来很不尊重人，好像你不想听我说话一样。我希望我们共同制订一个解决方案，所以请你不要表现出这种样子。"信息很明确，但仍然利于促进关系融洽。
- ✓ 这里的方法是基于所谓的 3W 公式：感知、效果、要求。

感知："我已经注意到好几次了，我说话的时候你不是心不在焉就是不断摇头。"

效果："这在我看来很不尊重人，好像你不想听我说话一样。"

要求："我希望我们共同制订一个解决方案，所以请你不要表现出这种样子。"

如果行为或言语上的挑衅仍然没有停止（这已经非常少见了），我们可以在下一阶段提出我们的想法，以此表达我们想要对该挑衅予以制裁，我们可以在下一阶段的"要求"表述中增加制裁性的话语："如果我们想要继续共同推进这次谈判，你就应该表现出尊重的态度。如果不想，那么我们今天就不能在这种局面中继续下去。"

这使得局面更加明晰，并仍然给对手留下两种选择：要么搅局者被踢出局，要么谈判可以择日再进行——谈判的局面就可以发生改变。但是如果对手仍然不愿意合作，这就要使出下一个级别的反击。先表达你的遗憾："正如我之前所说，我觉得在谈判中，为了达成一致，尊重是很重要的。但今天的情况并非如此，这让我非常遗憾。"然后道别离开。即便这种情况很少发生，但这为我们提供了应对极其不合作行为的方法。

在复杂的谈判中，如收购公司的谈判或工会和雇主之间的谈判，我也遇到过这种情况：一方泄露某些信息，以便在媒体上获得所谓的解释的主导权；而此时，另一方则采用了以牙还牙的策略，也透露一些信息。这种反击行之有效，信号也很明了。反击之后就再也没有发生更多信息被泄露的情况了。

当发现对方故意提出反对意见，并想要以此蒙蔽对手时，用上述案例中以牙还牙的办法可以及时对其加以制止，因为该办法能指出他自相矛盾的地方，揭露其虚张声势的行径。毕竟谁想被人扼住脖颈呢？谁愿意让自己自相矛盾的做法被揭发出来从而使信誉受到损害呢？如果使用了上述办法，意味着我们将掌控局面，我们指出了对手自相矛盾的地方，他现在要做的就是尽快摆脱这个窘境，摆脱现在的被动局面。

从选择到结果

接下来的谈判中会发生什么？我们所提出的委婉要求已经被对方接受了吗？太好了！可以继续准备其他要求。我们提出的要求被拒绝了？没关系！要学会质疑拒绝，这么做要么会使大家意识到可供研究的新动机，要么会发现矛盾所在，如果是这样，那我们所提的要求可能还有转机。

现在，谈判过程以一种受控的方式继续进行。谈判阶段重新开始。在没有真正放弃我们原有需求的前提下，提出新的需求，这样做的目的是制订备选方案。备选的意思是说即便对手同意了我们的某个要求，也不应该轻易终止当前的话题，要依然相信谈判也许还可能有更好的结果，因此还要继续用委婉的语气进行谈判。在选项列表中列出已接受的需求，只有当取得最理想的结果时，再做出最终决定。

你可能会问，为什么这时要犹豫不决。很简单：我们想赢，想得到最好的结果。过早地结束一个话题会限制更深入地谈论这个话题的可能性。因此，不要立即欢呼鼓掌，即使喜悦之情难以掩饰，也要保持镇定，并使谈判继续下去。只有当我们十分地确定得到了最优结果时，再同意所有的要求。

讨价还价：当纯粹的数字是唯一的决定因素时

而当一切都与价格有关时，会发生什么？我经常听到参与我培训的人说"一切都和价格相关",但事实并非如此。当我们在谈判中谈及价格的具体数字时,总是代入主观意念。每个人对某个产品、物品、服务等可能的成本或愿意为其花费多少都有自己的想法。这种"信念"基于他对该物品的评价或者他是怎样得出该评价的。如何使他的评价与物品真正的价格相符,我们将在第四章"FACS 准则"中探讨。

但如果只是"纯粹"的讨价还价呢?只是不断地彼此交换价格时该怎么办呢?

这时就需要一个"掌控局面"的行动概念,来避免陷入不断报价和还价的困境中,在这种窘境中,人们只是不断妥协,不断折中。然而我们要的不是一个折中的立场,而是最佳结果。

数学家、博弈理论家和哈佛大学教授霍华德·拉法拉(Howard Raiffa)为此开发了一种方法,美国中央情报局原特工迈克·阿克曼(Mike Ackerman)为赎金谈判专门进一步钻研了这种方法。事实证明,只要对该方法稍作改进,就能在经济领域里的价格谈判中发挥作用。这种方法从心理学层面上运用了我们已经介绍过的感知的矛盾效应、对损失的恐惧、互惠原则和"锚"的概念。

第一步还是准备性的工作——确定目标,也就是说,确定我们最想达到的目标金额。比如我们想以 10 000 欧元的价格从私人手中购买一辆汽车。然后将我们的起始价锁定在这个目标金额的 65%,也就是 6500 欧元。这个极端的"锚"会打乱对手的完整判断模式:他在应对时会转向风险评估,也会使他对达不到预期价格有所心理准备。很显然,对方不会接受这个价格,会急于把自己的"限额"摆上台面。现在，只需要运用我们已经学到的战术，对对方的价格进行进一步的询问，问其制定该价格的理由，明确概念和定义，要求对手提供类似的例子和可对比的案例。这样一来我们就在对手的大脑中建立了后续结果的主观价值。我们为实现一个目标投入的精力和资源越多，它对我们来说就越有价值。现在我们向对手迈出了一步：将我们的报价提高到预期的85%，即8500欧元。在这一步中，利用时间因素来显示已将报价"人为"地提高了，利用互惠原则来建立感激之情，并利用讨好策略来改变对方的态度，现在轮到对方向我们做出让步了。

现在就看对手的反应了，通常情况下，此时对手会觉得有必要做出让步，压低价格（对等原则/交互性）。只要别人给予我们东西，我们也要相应给予回报。此后，开始了与第一轮报价后相同的循环。要用开放式问题询问需求。同样，在进入下一阶段之前，保持以平易近人和战术性共情的方式来回应尤为重要。

接下来我们可将价格提到目标金额的95%，即9500欧元。再次重复之前的报价循环。此外，这时要问一个"怎样"的问题，向对手征求意见。"我接下来应该怎么做呢？"在他看来，我们已经在满足他的道路上走了很远。我们已经缓解了对手对损失的恐惧，并从主观上提高了我们报价的价值，通过讨好策略和互惠原则建立了好感度，并一再表明自己愿意谈判。我们或许没有必要继续让步了。如果就此打住，这时要给出最终报价。而报价听上去一定要像是精心计算过的，仿佛真正掏出了家底儿。因此，要给出一个零散的数，比如9836欧元，而不是你预期的10 000欧元。零散的数字更可信，会让人觉得这个数字仿佛是经过了精确计算最终才得出来的。而这似乎是我们最后的报价了，也是对对手自尊心的一种抚慰。霍华德·拉法拉（Howard Rafaela）发现，获得对方让步的人比只收到"公平"报价的人对谈判过程的体验更加正面。事实上，当这些人最终比没有获得任何让步的情况下花费更多或得到更少，但参与者自我感觉甚至更好。

数字、数据、事实——旁观者眼中的中立性

我还想再提醒大家注意所谓的中立标准，这类标准在谈判中经常被用来诠释一方的要求与立场，甚至是"共同"解决方案。这些中立标准包括数字、数据、事实、研究、调查、判决等，换而言之，所有"中立"的东西，都可以作为拟订解决方案的证据。

这时通常会提到某些研究或专家，从而促进"影响"在心理学层面中产生的作用，美国心理学教授罗伯特·西奥迪尼（Robert Cialdini）称之为"权威"。由他所发现和研究的这种社会影响方法在谈判中也有其用武之地，其基础是，我们都倾向于一个固定的行为模式，只需一个触发器便可激活。

从进化的角度看这种模式是完全合理的。因为专注于这种触发机制可以使个人迅速采取正确的行动。在石器时代，当我们从山洞里望出去，发现我们的部落成员向一个方向跑去时，通常而言，迅速加入他们当中一般是正确的，因为正从另一个方向过来的剑齿虎对我们构成了威胁。这种所谓的"从众心理"在我们今天的日常生活中随处可见，在生活中我们也倾向于遵循这种"群居本能"。像脸书这样的社交媒体就是这方面的例子。如果已经

有很多人点赞过，我们往往会减少对事实的质疑，也会点赞。当媒体报道某事时，我们也倾向于接受它，认为它是可信的。所谓的假新闻也是通过这一规律展开其极具破坏性的影响力的。而当对方引用调查问卷时，我们很快就会倾向于接受这种观点作为主流意见。

因此，从众心理指出，人们经常根据其他人在相同情况下做出怎样的行动来做出自己的决定。我们的判断启发法预设，当人们按照社会证明的模式行事时，会少犯错误。判断启发法是自发的思维过程的一种，因此在无意识、不由自主、毫不费力地运行。这种快速反应的缺点在于，我们往往会因为忽视其他信息而做出错误的决定。

而在谈判中，当对方引用调查、论断或媒体报道时，也是在运用这种技巧。然后，社会上已经得到证实的事会被用来迫使别人接受某些要求，向别人暗示，许多其他人以前也做过同样的事："这是这个产品的正常市场价格，每个人都照付不误。""这是行业内的一个正常程序。你们的竞争对手也是这样做的。"就我们自身而言，留意带有操纵意图的信息并对其质疑，就能够很容易抵制这种形式的操纵。比如可以这样问："你能给我一个整理了这些数字的来源吗？""我想就这个问题与竞争对手交换意见。你还能告诉我一些以完全相同的方式完成该过程的其他人的联系方式吗？"

罗伯特·西奥迪尼研究过的另一个反复在谈判中出现的现象就是在上文提及的引入"权威"。在我们所处的社会机制中，这种对"权威"的屈服从学生时代便开始了，权威可能包括老师、父母、警察等。在人类还以部落族群形式生活在一起的时候，为了生存不得不划分社会层级并且让每个成员都清楚其在族群中所要扮演的角色。后来我们将这些角色分工模式通过其功能与特征进一步细化，以便对个人或组织的社会地位进行分类，与这些"权威性"相关联的具体标志有：

- 职业或学术性头衔。
- 服饰（白大褂、蓝色工服、西服等）。
- 组织团体，如大学、高校、研究机构、行政部门、政府部门。
- 媒体机构（从媒体角度我们也能看到"权威性"的日益衰落）。

人们对于这些象征符号的反应比对真正的专业权威的反应要强烈得多，这种权威的可信性在于，如果谈判中涉及这些象征性的符号，人们通常不会质疑并且会趋向于接受这些数字、数据、事实和研究。比如，某个大学的研究表明或者引用某位"科学家"的话，就属于这类信息。

此外，我们严重忽略了这种权威对我们个人行为模式的影响。最著名的案例是"米尔格拉姆实验"（Milgram Experiment），在实验中，实验者会对回答错误的人进行电击。受试者每答错一个问题，电击的强度就会增加。所有实验者都会"服从"领导者，其实这些领导者只是穿着白大褂，并无实际医学能力，但是他们还是听从领导者的指示，对受试者进行电击。受试者的哭声越来越大，实验者自己也满头雾水。其实，受试者只是一名演员，每提高一个电击等级，他叫得就越大声，而电击强度实际上没有增加。然而，实验者不知道的是，在"当局"的指示下，他们所进行的450伏的"致命"电击并没有发生。

在谈判中，数字、数据、事实和科学证据被用来操纵对方，促使其同意，因为自己的要求或论证是有科学依据的。另一种现象在这里也发挥着作用：谈判是一场冲突，而在冲突中我们希望被认为是强者，没有人甘愿示弱。而在我们自己看来，无知往往被视为弱点。因此，当数字、数据、事实以及最重要的研究被带入谈判时，哪怕我们对此其实并不确切了解，我们也倾向于表现出好像我们知道这些数据。因此，我们屈服于自己的虚荣心，这个错误导致我们不得不在这些公认的数字和事实材料的基础上继续进行谈判。如果想要在谈判的后期阶段撤退，这个错误会使我们丧失可信度。因此，我们把自己推入了一个无论如何都要付出代价的两难境地：要么屈服于对方的要求，要么失去自己的信誉，或者二者同时发生。

要判断什么是真正的中立结果，什么是随意的论断，好比高空走钢丝。

在这里要记住：

（1）对于数字、事实和研究最多只是注意到就可以了，不要采取进一步措施。因为一旦接受这些结果，就很难再脱身。
（2）要询问研究和调查是由谁组织和进行的，以及它们是否可能受利益导向指示。
（3）恰恰因为我们在矛盾冲突中往往非常不确定，所以只能对自己了解详情的事情表示同意。

(4) 对未知数要"搁置"。可以这样说:"我对这些结果、研究等还不了解,希望以后详细了解过后再讨论。"我们并没有拒绝这些研究,而只是推迟接受它。

顺便说一句,"搁置"往往会导致这些数据等根本不会再回到谈判桌上。对我们而言,顺便提一下,这也应该是好好准备谈判的一部分,考虑下可以用什么"客观标准"来把数据带入谈判。这些数据对我们实现自己的目标大有裨益。但也要保持警惕和敏锐,不要被"权威"和"从众心理"蒙蔽,也决不能屈服于自己的虚荣心。

阶段小结

- 用委婉语气提出你的要求。
- 委婉语气是维系关系的纽带。
- 在动机分析的基础上进行效益论证(第三阶段)。
- 一次只提一个需求——保持连贯性。
- 学会利用沉默。
- 始终保持立场的统一,但要态度友好地坚持请对方给出答复。
- 将已接受的要求置于谈判选项下。
- 如果得到否定答案,可以回溯到分析阶段并询问拒绝的原因:"您无法设想这种情况,是有什么原因吗?"
- 或者问:"那您觉得怎样才行呢?",并且追问问题的答案。
- 继续努力研究拒绝背后的动机。

- 不要让自己被骗。学会区分借口（虚张声势）与异议（动机）。
- 注意前后矛盾的地方。
- 通过向对方征求意见的方式来解决矛盾。
- 始终运用"以牙还牙"原则。
- 价格谈判要分多个步骤进行。
  - 按目标价格的 65%/85%/95% 分阶段进行。
  - 运用开放性问题和时间因素进行谈判，以便对结果产生主观影响。
  - 在最终报价时运用带零头的数字的力量。
- 准备好研究报告、数字、事实和数据。
- 不要接受你不了解的研究、数字、数据和事实。
- 质疑每个主张的来源和证据。
- 对不了解的事物暂且"搁置"。
- 当"权威"和"社会证明"开始发挥作用时，请保持警惕。

第五阶段：达成协议

讨价还价的阶段已经结束，终于到了得出结果的时候。为了使结果留在可承受的范围内，必须将结果牢牢锁住。因为谈判绝不是在达成协议后就结束了。现在的问题是要确保达成的协议能够变成现实，也就是说，谈判的结果最终可以得到执行。因此，达成协议阶段也就显得尤为重要。真正的"是"是指对执行的切实承诺。然而，更多的时候，我们想强迫对方说"是"，但后果是对方并不觉得自己的承诺有约束力。我们强行要求对方答应，结果却什么都没有得到。

如果不敲定具体怎么做，那么单纯得到对方一个"是"字就毫无意义。因为如果没有搞清楚协议中涉及的内容，以及如何实施，那么同意就毫无价值，并且谈判结果仍然可能被推翻。也许对方也曾经历过由于"预算""内部决定""谈判条件改变"或"新的或其他的时间规划"等影响从而使之前的某一承诺无法实现。然而，大多数无法兑现的情况是由于对方事先并没有真正同意，而只是假装同意造成的。

无法实施的同意毫无意义

谈判专家将同意分为三类：假装同意、确认同意和约束性同意。这些同意的背后是什么？可能每个人都经历过这种情况：甲想从乙那里得到些什么，乙表示同意，因为乙想通过这种方式获得时间，哪怕仅仅是拥有片刻平静。这是典型的假装同意，他所答应的事情不是他真正想要的，最终在具体实施时会迅速反悔。然后会指出，这个或那个方面绝不是那个意思，而所谓的结果也是无效的。在谈判中，我们也经常遇到假装同意的情况，可能对方没有真正确定要达成这个协议，或许对方在那一刻对达成协议甚至并不感兴趣。因此，一个好的谈判者应该弄清楚对方是否是认真的，以及协议是否可以执行。

为了弄清这一点，有一种我称之为"特尼狄/三位一体测试"或"三个 YES"的方法。该方法必须得到三重肯定——同意、总结和执行，从而确认谈判结果。这个词指的是著名的特尼狄核试验。"特尼狄"（Trinity）是美国军方有史以来第一次实验核武器爆炸的代号，于1945年7月16日实行，是美国曼哈顿项目核武器研究的一部分。在实施爆炸之前，必须通过三次肯定来确认执行该行动。在谈判中，使用这个比喻性术语是为了强调三重肯定的重要性。

实施这一方法并不难：让对手三次对结果表示同意即可。但这难道不会让人们觉得自己只会应声附和吗？好像自己什么都不懂似的？但如果做法得当的话一点也不会！第一个问题开启了第一个阶段："那么我们就达成一致了？"如果另一个人也以肯定的回答确认，那么这样一来，我们就基本达成了协议。但仅凭这一点，不能也不应该太确定谈判对手是否真的会履行协议。他在答应之后仍然有各种机会狡辩，而我们不应该给他这个机会。

在这整个过程中，我们不仅需要仔细聆听，还需要密切观察。不论是对手一直在与我们沟通时，还是他一言不发的时候，都要有意识地注意对手是否有犹豫不决的情况。仔细观察是否出现不协调的情况。比如他说的内容与说话的声音是否和谐？二者听起来是否一致？集中注意面部表情（我们稍后将详细探讨），以及对手的肢体语言。在这种情况下，非语言和语言特征极其重要，因为它们使我们有机会确定谈判对手的言行是否一致。

如果注意到了矛盾的地方，可以尝试使用下面的手法再次询问：

- ✓ "那我们就说定了？"
- ✓ "是的……"
- ✓ "看来你还不太同意。""没事，这无关紧要。"

- ✓ "无关紧要？我们来谈谈吧。"
- ✓ "我很高兴你又提及这个问题！"

我们都喜欢忽视这种信号，并用它们来自我欺骗。倘若我们对这些问题熟视无睹，问题也不会消失。

通过这种方法，我们可以在问题产生破坏性影响甚至危及谈判结论之前发现，并及时分析和处理这些问题。要知道，此时谈判对手仍然处于我们的控制之下，我们仍然可以独自对结果产生影响。如果对手受制于其他势力，如同事、上级等，我们的影响就会减弱。我们也应该注意，谈判对手是否只是想把我们先打发走，事后再质疑交易结果。若对手先转身离开，并且看上去答应了我们的请求，如果这时我们认为事情已经谈妥，那么就是在自欺欺人。

如果从这个环节可以看出对手言行一致，或者又通过交涉迫使对手言行一致之后，就可以进入第二个环节，对结果进行总结："那么我总结一下。我们将在未来24个月内关闭三家分公司，为员工拟订援助计划，对于那些想自愿离开公司的人，我们将提供多种资质认定证书并通过猎头公司为他们提供帮助。"或者"贵公司每个月从我司收购3000件货物，每月应付金额为836欧元。合同期限为三年，从10月1日开始支付，并于交货后30天内付清款项。"在总结时，要让对手能在其中找到自己要求的"影子"，正如我们在前几个阶段所提到的，使用"映射"方式重复对手的承诺。从对方那里得到第二次确认，让对手再次向我们说出："是的，没错。"

在此之后，对手想要放弃交易的可能性已经大大降低。想要变得"不真诚"或撒谎也变得越来越困难。现在进入第三个环节，即承诺履行——也是运用"认知不协调"的环节。然而，这也是许多人望而却步的阶段。这时，要随口提出一个"是什么"或者"会怎样"的问题："你认为还可能出现哪些会危及交易的问题？""商定的解决方案还可能会失败吗？""还有什么可能会成为协议的障碍？"通过这种方式，让对手也参与进来，给对手以他仍然在控制局面的感觉，但实际在控制着局面的是我们自己。

如果谈判对手回答"对的，我们的协议仍然有效！"，那么我们就收到了连续的第三个"是"，这个"是"促使对手从内心承认其立场，使他的言行变得一致。回想一下认知失调因素的作用，销售方面的人员在这个时候可能会说，这时不应该一遍一遍地重复交易结果，否则会让人生厌。但是这时交易只是看上去成功了，还没有"落锤定音"，而这也是我们防止对手反悔的最后时机。因此，这不是"重复结果"，而是"锁定结果"，从而确保交易结果万无一失。

阶段小结

- 不要满足于简单的"是"。
- 通过"三位一体测试"得到三次肯定。
  从对该协议本身，到对结果的总结，再到最终执行。
- 注意前后矛盾的地方。对方给出的肯定回答与他的肢体语言和声音是否同步？
- 在此时也要注意掌控谈判对手，并且尽力清除谈判路上的一切障碍。

第六阶段：绝处逢生

每场谈判都有一个终点，要么达成共识讨论出结果，要么在谈判双方"可能达成协议的余地"（ZOPA）内无法找到解决方案时以失败告终。

但如何才能察觉到谈判已经陷入后者所说的这种僵局呢？在谈了又谈之后发现，结果还是低于我们的心理预期时，会发生什么？如果对手想要强制执行这个结果呢？怎样才能知道对手是否已经达到了极限，或者还有机会达成协议？我们可以有意识地影响对方的判断方式，让谈判失败或给谈判以第二次机会。这样就让谈判进入了僵局。这一阶段可以被称为"得出结论或给谈判第二次机会"。

在经历了各种谈判的中间环节后，现在到了谈判各方之间可以达成结果的时候了。注意：这里说的是"可以"。因为谈判的结果当然取决于自己想要达到的目的。在为谈判做准备的过程中，我们已经清楚地界定了在什么时候必须终止谈判。这意味着，除了对实现的最佳目标有准确且切实的想法之外，还必须明确什么时候终止谈判更有意义。换句话说，在适当的时候宣告谈判失败远比得到一个无法令人接受的结果要好。此外，并非每次谈判都有得出确切结论的商讨余地，谈判也可能在双方既定目标不存在交集的情况下进行。当前我们的任务仍然是在我们预期中的不终止谈判的范围内，探索谈判的每一种可能性。

在谈判阶段，当到了自己该退场的时候，会发生什么？怎样在不接受完全无意义结果的情况下，试图得出一个结论呢？当然，我们可以抛出一个"不"，并希望对方能认真对待。但仅仅希望是不够的。请注意，谈判对手可能也会怀疑我们，并认为我们在虚张声势。也许我们还没有成功地在对手眼中变得可靠并值得信赖。现在的任务是纠正对手的这种感知错误。同时，在这一阶段甄别对手是否在虚张声势来为自己取得更好的结果也很重要，如果对手是假借虚张声势，以谋取更大的利益，那么还有可能与其完成谈判，从而得出结论。在此，必须打破所谓的"错觉三角铁"。"错觉三角铁"的边由三种心理元素组成：

（1）谈判对手认为我们为了取得更好的结果在欺骗他（他不相信我们会不认同这个结果）。
（2）谈判对手在欺骗或虚张声势，以便取得更好的结果（更坏的结果他也能接受）。
（3）实际上不存在可能的谈判余地。

欢迎来到博弈论的世界。与经典决策理论相比，博弈论描述了决策状况，其中个人的成功不仅取决于自己的行动，还取决于其他人的行动。其他人的决策情况又取决于他们对情况或人的评估。这正是我们现阶段所面临的状况。现在必须敲响"错觉三角铁"，并利用心理学找出三条边中的哪一条受到了影响。

为此我研究了三步走的流程，并在无数次谈判中运用过，我的客户在谈判中也非常成功地运用过这个流程。

第一步：用"怎样"的问题控制局面。

第二步：要警告不要威胁。

第三步：有意识地驶入死胡同。

我的谈判概念是，在谈判中坚持有目的地引导对手，并展现同理心。但同理心与偏离自己的立场毫无关系。当然，任何谈判的目标都是让自己的要求被接受，并取得最佳结果。毕竟，自己分到的蛋糕应该越大越好。正如上文所述：不重视双赢也好，十分看重双赢也罢，我们都必须始终如一地呈现我们的要求内容，并使我们前后的表述协调一致。

"怎样？"：所有问题之母

你可能会问：为什么"怎样"是所有问题之母，而且在情况变得越发艰难的阶段，更是如此？回答"不"，或者更甚"不——不——不"不是更好吗？当然，"不"发出了拒绝的信号。它清楚地表明了边界在哪里。然而，这也会使得谈判者把自己围堵起来，无法继续谈下去，或希望对方早点撤回他们的否定回答。可以打这张牌，寄希望于对方会因天意或突然改变主意而让步。然而，这也意味着我们将不再掌握谈判的主动权。或者也可以通过吸引对手回到谈判的解决方案中，从而继续保持对谈判的控制，哪怕我们明确表示过要退出。"怎样？"作为一个问题可以引发思考。以"怎样"开头的问题可以使接受信息的人参与进来，因为它表达了对意见的征求。同时，"怎样"也会给对手一种控制感，并让他们参与到共同探索中来。

我知道许多人，尤其是男性有时会不愿意提出一个听起来像是请求帮助的问题。他们担心在谈判对手面前失去尊严，因而无法与谈判对手平起平坐地谈判。我们完全可以打消这个顾虑，因为没有人会在提出要求时变得渺小。关于"怎样"的问题更多的是一种掌控和监督谈判的工具。

在我的一次培训上，一位45岁的汽车供应商经理描述了以下情况：他正在与一家汽车公司的商业伙伴进行漫长而重要的谈判。眼下的谈判结果包括单位数量、单位成本、合同期限、现金折扣和付款期限。单位数量、单位成本、合同期限和现金折扣等都没有问题，离他的痛苦阈值很远；所以至此，经理已经达成了他的目的。但他的谈判对手只给他6个月的付款期限，这远远超出了他的预期。这样的交易可能会危及他公司的生存。另一方不断指出这一支付期限是公司的内部规定。尽管如此，考虑到所涉及的风险，这对我培训课程的参与者来说，仍是一个不可接受的结果。

他没有直接回答"不"，而是问了"怎样"的问题。"若按照这个期限支付，我就不能按时给我的员工发薪水，也不能购买基本材料。这该如何是好？""这些是我们的规定。那是你的问题！""是的，但这也是我们谈判的一个问题。您觉得怎样才能行得通？""好吧，但我改变不了内部规定。"现在，这位经理通过在表述中进行一个小而微妙的转换，来吸引汽车公司的同行进一步寻找解决方案："不管如何，我们怎样才能实现这个谈判结果？"而不是"我应该怎么做？"利用这第三个"怎样"的问题和"我们"的用词，他迫使对手思考，并达成了以下协议："我不能改变内部规定，但可以保证延长合同期限，这样你就可以在银行申请更大的信用额度，从而支付所有预付款和薪水。"

在第 1 阶段的这个环节，如果谈判对手对结论真正感兴趣就会提出建议。因此，也就绕过他之前所拒绝的内容，转换成了"迷惑性的意图"。如果对方提出解决方案，那么双方就可以回到谈判中。如果对方仍持消极态度，那么就到了第 2 阶段：警告。

要警告不要威胁

也许你会说：警告和威胁是一回事。词语是由我们人类发明的，但作为发言者我们也要对自己的话语负责。警告和威胁之间的核心区别在于措辞和说话的语气。就内容而言，同样的意思可以产生完全不同的效果，这取决于表述方式。在谈判中，用指责的方式表述，会破坏我们与谈判对手的关系，而这对我们没有任何好处。在这里，我们也要保持同理心，在控制谈判对手方面保持一致的态度。现在重要的是要找到一种会被对手视为警告而不是威胁的表达方式。他必须能够从中看出，谈判破裂的情况很严重。警告的最好方法是什么？警告和威胁之间有什么不同？

让我们继续上文的例子，假设汽车公司的谈判代表在问了三次"怎样"的问题后，对方仍未对其做出回应。那么这一点可能已经达到了他预期的终止谈判的"出口"，但他确实无法接受付款期限。现在他必须更清楚地表明自己的意图，并判断对手是在虚张声势还是真的打算让谈判破裂。然后提出警告："我担心如果不澄清这一点，我们的合作在将来会变得极其困难。"这种提法表达了对某一事态发展的关注，但并不像威胁那样只会关上得到解决方案的大门。

一方面，威胁总是专门针对个人的。无论和谁谈判，劫持者也好客户也好，只要我说"如果你不继续往下谈，那么谈判会就此失败"，就会明确地把失败归咎于对方。对于这样的指责，人们的反应显然是拒绝。谁愿意自投罗网呢？用这样的表述，就会不可避免地陷入被人指责的旋涡。另一个人会立即试图把责任推回给我们，然后不断地指责。这样做肯定不会有结果。

另一方面，警告不是指责。警告将谈判各方的目光引向谈判可能失败的结果，但也涉及谈判对手的自我影响和控制。例如，某大楼内发生绑架或银行抢劫，这时发出警告这样说："劫持者你好，我想和你一起探讨出一个结果。然而鉴于目前的情况，我担心在最坏的情况下，我对面的精确打击小队的同事会采取行动。"在与客户谈话时可以这样说："亲爱的顾客，我们已经向前迈出了很多步，取得了相当大的成就。然而，这里有一个地方让我担心我们在未来是否还能共事。"

然后是决定性的表述，在提出问题时，肢体语言和口头言语上的一致尤为重要："您已经放弃了谈判/项目是吗？"注意：就说这一句。不要留下任何解释的空间，如不要解释你是如何得出这个结论的。不要再多说一个词，只让这一句话发挥作用。然后发挥"错觉三角铁"其中两条边的作用：对手是否在虚张声势，以及我们在暗示自己没有在虚张声势。此外，这并不是在把责任推给别人，我们只是在强调对未来可能无法达成谈判结果的担忧。这句话显示了万一失败的后果，迫使对方为自己辩解。虽然说的是"放弃"，但谁想放弃？这是一个涉及一个人的自我形象和自身"力量"的问题，因为放弃被视为软弱。通过这种方式，我们可以避免指责的不断升级，因为我们为另一方重新进入谈判留下了一扇门。换句话说，要赢得对手，而不要让对手觉得你在威胁他。威胁会将对手变成敌人，并造成阻力；而警告则意味着双方依然具有共同实现一个目标的可能性。

"你已经放弃了谈判/项目是吗？"这个问题一方面可以用来观察对手的反应，另一方面，可以让对手重新拥有控制感，使他重新进入解决问题的模式。不仅要倾听对手的回答，还要仔细观察对手的反应，这一点极其重要。如果对手立即回答"是的，我放弃了"或"是的，我认输了"，那么目前的结果就可能已经超出他可接受的谈判余地，对方已经到达离开谈判的"出口"。因此，要注意对方回答的速度。如果时间少于一秒，那么答案就很明确：对手现在并不想虚张声势，而是知道自己什么时候该退出。这也说明你们双方内心的目标可能相去甚远，不存在可商榷的余地了。

然而，如果谈判者的目光游移不定，并且做思考状，这表明他正在与自己的内心对话，在权衡他想走多远。上述提问为对方提出了正面挑战，谁想"放弃"呢？只有在对方没有解决方案时，我们才会得到明确的放弃谈判的回复。如果谈判对手犹豫不决，或说"这是场困难的谈判，但并不是不可能的"或者"其实，我本以为没有可以回旋的余地了"，那么谈判仍然有反转的可能。一些"和稀泥"的词的使用，如"实际上""可能""几乎""原则上"，都表明还有进一步的回旋余地，需要加以探讨。在这种情况下，要么对方提出另一个建议，要么我们用友善的语气进一步提出要求，以增加自己在谈判中的分量。所以也就回到怎么做的问题。

第三章　F.I.R.E.控制理念：一步一步走向成功　153

僵局并非谈判的终点

如果在这个阶段也没有找到可以接受的解决方案，谈判就会陷入僵局。谈判过程中的这一最后阶段主要影响对手的判断模式，并能使对手发生心态转变。僵局不一定是谈判的结束，但至少是一个转折点。僵局给了谈判另一个机会，也许不是同一天，但它给了一个重启谈判进程并取得结果的机会。因此，必须按照剧情发展判断出这是僵局，然后以明确无误的方式传达信息，从而在谈判对手那里发挥作用。为此，可以采用以下方式：

（1）强调谈判内容积极的一面。
（2）强调个人/关系层面的积极因素。
（3）为对方退出谈判提供三种选择。
（4）制造压力。

所有达成的协议和已经建立的成果都必须在中断谈判之前再次提及。换句话说，要强调在实质性层面取得的一切进展。在第二步中，我们要再次重申双方之前已经建立了良好的关系。就连对谈判过程中出现的有争议的部分，也必须说"这次谈判很艰难，但我们一步一步地达成了协议"，并且应该夸奖对手的表现"虽然历经千难万险，但我觉得我们的谈判是公平的，是值得被赞赏的"。出于竭力推动谈判发展的需要，这种对关系层面的强调应在宣布谈判进入僵局之前完成。现在对手的全部注意力都在我们身上，可以开始采取实际行动了。在第三步中，接下来的表述有可能使谈判更进一步："然而，在今天，基于目前的形式和结果，我们仍然没有得出结论。"

猝不及防！我们在此表述出了谈判进入僵局。这听上去可能很普通，但对手却不这样觉得。这种表达方式会使人们觉得也许在另一个时间、另一种形式和另一些要求下，还有可能令谈判得出结论。这句表达中的第一扇门是"今天"，今天没有得出结论，但也许明天，也许后天，也许在一个完全不同的时间，双方仍然有可能达成协议。第二扇门是对"形式"的暗示。这通常指谈判小组人员的构成，虽然由目前这些人员组成的谈判小组没有达成协议，但也许可能在私下里达成协议，或者增加谈判小组的人数就可能达成协议。第三扇门是"基于目前的结果"，清楚地表明，如果对方不做出让步，就无法取得任何结果。但要注意：这些语句需要以一种便于理解的方式表述出来，表达时要遵循之前所讲的规则。

然而，在完成上述所有内容的表达后，人们还应该确保你口中的僵局确实存在。因为俗话说得好：不能雷声大雨点小。现在站起来，再次用材料敲敲桌子并稍作整理，然后友好地道别。这会给对方造成名为启发式压力的新形式压力。现在，对手的大脑便开始处理当下的情况。他意识到正在发生的事情，稍加权衡，但心理上仍犹豫不决，因此，在此时保持前后行为的一致十分重要。此时，肢体语言不能与所说的话语背道而驰。现在必须将自己的话语转化为行动，必须起身离开，在保有同理心的同时保证自己前后行为一致。

有时甚至都不用走到门口，因为在我们起身的那一刻，对手就会做出第一次让步。通过使用这种僵局策略，我们尝试给实际上已经注定要失败的谈判提供第二次机会。当然，也可以在早期阶段使用这个方法。但请记住：只有我们自己知道自己该何时退出谈判，对手并不知情。只有老道的谈判者才能在谈判初期运用该技巧。其他人只有在情况真的陷入僵局时才能使用该技巧。

如果决定驶入死胡同，那么也就必须清楚如何走出死胡同。在正常的谈判过程中这可能发生得慢得多，首先要等待对手做出反应。走出僵局意味着，必要时要拿起话柄，以便之后再提出更多要求，这可以通过第三方公开进行或私下隐蔽地进行。如果到目前为止，谈判一直是以团队形式在进行，那么可以采用一对一的会议形式，向对方迈进一步，从而改变局势。或者可以委托给第三方进行，如公司的主管或决策人。耐心在这一点上再次创造了回旋的余地，也创造了新的可能性，从而在很大程度上影响对手的判断，以最终达成谈判结果。

在该环节中，时间压力通常是我们的敌人。如果我们是故意被逼入僵局，那就更是如此。时间是谈判中的一个权力因素，这在人们陷入僵局时尤其明显。谁先退缩，谁通常就先输了。然而，从原则上看这并不意味着不能先说话。如果决定先声夺人，那通常要注意额外的要求，以便继续掌握行动的缰绳。因此，在准备过程中确定自己的行为方式尤为重要。

必须准确界定谁应该在哪个时间点做什么事。没有什么比谈判队伍内部出现失误更具有破坏性。举一个例子：在谈判走入死胡同后，销售人员找到了买方公司的相关部门。但该部门无论如何都想要拿下该产品，并明示让销售人员让步。此外，该部门还接近采购部门对其施加时间压力，并且绕过谈判人员，直接向对方管理层提出上诉。这些都表明该部门迫切地想要达成协议。或者工委会直接与董事会对接，董事会也表明他们想达成协议的决心。作为谈判的参与者，我们也可能会受到来自自己人的攻击。

从小孩子身上我们也可以看出这一点。如果父亲拒绝为孩子购买"奇趣蛋"，他就会去找母亲，以便重新谈判。一物降一物。如果事先疏忽了对目标、任务和流程的了解，这个弱点就会在此时暴露出来，并被用来对付我们自己。为了干净利落地走出僵局，需要让自己人致力于己方战略，并预留足够多的时间来缓冲。

第四章
FACS 准则：面部表情说明一切

04

世间的一切都写在脸上，而眼睛是心灵的窗户。

——西塞罗（公元前106—前43年），古罗马演说家和政治家

我训练自己去感知我所看到的东西。

——夏洛克-福尔摩斯18（阿瑟-柯南道尔爵士）

他的眉毛朝下，眼角的皱纹也往下耷拉，显得眼睛小了。眉头紧蹙，眉间出现了一条竖直的纹路。他紧抿着的嘴唇，看上去比以前更薄，但没有完全压住。他下意识地将嘴唇卷向嘴巴内侧，以致嘴唇的红色部分几乎消失不见。从他脸上只能看出生气和愤怒，纯粹的愤怒：对他在两名探员面前被戴上手铐和脚镣感到愤怒；对他在实施犯罪过程中犯下的明显错误感到愤怒；对那个在毒品交易中背叛他而被他开枪射杀的人感到愤怒。

该男子当时34岁，曾是美国陆军的一名中士，在德国驻扎了四年多。三天前他在树林里抛下了一具头部中弹的尸体。在不到10厘米的距离内，他残忍地向军队的同僚和贩毒同伙的后脑勺开枪射击。随后，他和另一名同伙在森林中烧毁了事发的车辆，试图掩盖踪迹。他长期成功的毒品走私贩生涯就此结束。他

通过驻拉姆施泰因（Ramstein）的美军运输机将高纯度海洛因从阿富汗走私到德国，这些飞机在德国中转。多年来，并没有引起人们的怀疑。坐在我们面前的这个人负责在德国和欧洲其他国家的毒品分销和掺假。除了军营里的职务外，他还以此建立起该利润不菲的业务。这样，服完兵役后，他手头上就会宽裕很多。他并非单打独斗，他的生意至少还有两名同伙，其中一个现在正躺在验尸官的解剖室里，头部中弹，身体烧焦。在实施犯罪后不到72小时，他就坐在了我们面前。脸上只流露出愤怒的表情。

尽管他还没说过一句话，但他的面部表情已经说明了一切。我曾在德国联邦刑事警察局担任集团犯罪领域的调查员。除了基本的刑事训练外，我还接受了关于审讯和谈判中非语言信号的培训。这个人专业的程度让我着迷。

面部表情、手势、眼神和身体姿态这些都是一个人特有的语言。在正常情况下，会被无意识地表达出来。但对肢体符号而言怎样才算是正常情况呢？有一些人，比如职业骗子，表面上他们可以控制手部动作以及身体姿态——但只是表面上这样。因为面部表情和所谓的微表情甚至可以出卖最冷血的骗子。要操纵所有的微表情几乎是不可能的。

"一个眼神胜过千言万语"，不仅是一句俗语，也是真实的生活观察。事实上，我们的面部有时会比想象中暴露出更多的东西。情报安全部门当然也知道这一点，因此面部动作解读系统（FACS）在调查技术中早已占有一席之地。FACS最早发表于1978年，是一种描述面部表情的编码方法，被全世界的心理学家广为运用。与测谎仪类似,美国联邦调查局和中央情报局也运用这种方法,根据某些面部表情来识破谎言。

因此,美国电视连续剧《别对我撒谎》的成功绝不是某个好莱坞编剧的异想天开。相反,该剧的制作者与FACS的开发者保罗·埃克曼(Paul Ekman)密切合作,他们一起创造出了主角卡尔·莱特曼(Carl Lightman)博士。埃克曼也因其在面部动作编码系统方面的工作而被美国心理学会评为"20世纪最重要的100位心理学家之一"。2009年,《时代》杂志将他评为"世界上最有影响力的100人之一"。

在该剧中,莱特曼有点像活体测谎仪,但不像人们想象的那样与现实相距甚远。在同样由埃克曼和莫林·奥沙利文(Maurin O'Sullivan)共同发起的"奇才计划"中,在15 000名受试者中,能够识别谎言的只有将近50人。这些"真相魔法师"有一种与生俱来的能力——根据面部表情便可知一个人是否在说实话。他们是真正意义上的天才,并因此受到这个世界上所有机密机构的高度追捧。然而,可惜的是这些人才既稀缺又抢手,因此安全部门近年来加大投资培训面部表情分析专家的力度。特别是自9·11恐怖袭击事件以来,对FACS的需求比以往任何时候都大。保罗·埃克曼在此期间通过自己的公司,继续为电影行业以及安全机构等提供面部表情的支持和培训,其中包括来自美国中央情报局和以色列情报和特殊使命局(以下简称摩萨德)的秘密特工,还有以色列等地的机场安保人员。他们都有一个目标:成为"真相魔法师"。他们希望认清潜在肇事者的行为方式特征,不论他们说什么,怎样表达。

基本上，非语言行为的分析主要与以下几条线索相关：

（1）心理生理上的伴随效应（呼吸、血压、皮电反应[①]等）。
（2）言语行为的副语言特征（语言学范畴外的、风格上的、发声的特征等）。
（3）狭义的非语言特征（面部表情、手势、凝视、姿态等）。

看过美国侦探小说的人应该都知道心理生理上的伴随效应：呼吸加快，血压上升，双手汗湿——测谎仪的指针随时都会偏转，判定犯罪嫌疑人撒谎。几乎没有任何追踪真相的方法能像测谎仪那样让我们如此着迷。测谎仪的原理很简单：如果人说谎，就会紧张，只要紧张，就会产生某些生理反应。

事实上，我们的任何行为都伴随着某些心理生理反应，这些反应会根据我们的情绪状态而加剧或减轻。1921年约翰·奥古斯塔斯·拉森（John Augustus Larson）就利用了这一点，研发了一台机器来记录这种物理参数，从而利用获得的数据来测量说谎时的心理活动。这台机器后来被人们称为测谎仪，并在接下来的几十年内为最高安全领域的发展铺平了道路。时至今日，美国联邦调查局和中央情报局在法庭上仍以测谎仪的结果起誓。这背后的逻辑虽然简单但同样具有迷惑性，因为不是每个说谎者都会变得紧张，也并非每次紧张都是由说谎导致的。此外，紧张的生理表现可以相对容易地通过心理训练或其他辅助手段加以控制，测谎

---

① 皮电反应，又称"皮肤电反应""皮电属性"，是一项情绪生理指标。它代表机体受到刺激时皮肤电传导的变化，一般用电阻值及其对数或电导及其平方根表示。

仪测试的准确性也因此越来越受到怀疑。在鞋里放一个图钉，在手指前端涂上无色指甲油——在对测谎仪瞒天过海方面人们总是有着无限的创意。研究人员也因此不断对测谎仪进行改进。目前，科学家们正在研究通过扫描神经系统来揭穿谎言。科学家们认为，说谎的人不仅会紧张，还必须更多地使用他们的大脑。

因此，说谎时的大脑活动要比说真话时更加活跃。很多人一直坚信，不管人们最终想如何识破谎言，通过测量物理参数一定能察觉到谎言的蛛丝马迹。尤其是在美国，甚至有单独的测谎仪游说团体，即美国测谎协会。相反，在德国，人们对这种检测仪的使用持反对意见。在联邦最高法院 1954 年的一项裁决中，测试结果甚至完全不能作为刑事诉讼的证据。

在谈判中，测谎仪也不是成功的保证，更何况在这种情况下使用测谎仪也是不切实际的。试想一下，从谈判一开始就把测谎仪放在桌子上，然后把电极贴在对方的胸口上，这怎么可能呢？因此，在谈判中，分析处理生理上的伴随效应只起着次要作用。

语言和非语言的特征要可靠得多。很多案件通过这些特征得出的结论给犯罪嫌疑人定罪，并且使得许多谈判获得成功。

通过观察和倾听获得成功

几乎所有人都曾在职业生涯中经历过效率低下或令人沮丧，甚至把我们逼到无路可退的情况。然而，不利的非语言行为是造成这种情况的主要原因，这一点却鲜为人知。与人握手或与谈判对手打招呼的方式，还有说话的速度、语气、底气，以及手势或不经意间流露出的神态，这些因素的重要性不应被低估。这些发生在几分之一秒内的细小的、几乎无法察觉的行为，往往决定着商业谈判的成败！

我们要学会注意对话者的变化，以便获得关于他们的详细信息，如对方有多大的合作意愿、他们有多大的气度、他们感兴趣的程度如何、什么会给他们带来压力，可以看出哪些虚张声势和谎言的痕迹。从这些迹象中，往往可以看出，谈判是否值得继续。这种批判性的关注，也被称为操控性的关注，是可以学会的。

我自己对肢体语言的认识在我的童年时期就已经形成。在我长大的小镇上，我每天从幼儿园到家步行大约需要20分钟，在我上幼儿园的最后一年，五岁的我经常独自走在这条路上。途中我会路过一个操场，操场后面是一个正在建造的大型建筑项目。一个阳光明媚的下午，在我回家的路上，我被两个14岁和15岁的大男孩（在当时的我看来，他们已经是成年人了）拦下了。他们粗壮的腿杆在我面前，威胁道："跟我们走，不然给你点颜色瞧瞧！"我跟着他们，途中不断寻找逃跑的机会。我们走过操场，来到后面的建筑工地。在我们一直向建筑工地走去时，这两个男孩子一直讨论该如何干掉我，比如"我们把他扔到建筑深坑里"或"我们把他绑在建筑管道中让他饿死"这样的疯狂想法轮番冒出，并对我大肆嘲笑了一番："这个妈妈的好孩子马上就会哭得稀里哗啦的。"他们时不时看向我，看我是不是终于要开始哭泣或呜咽了。我能够抑制哭泣的冲动，但无法抑制逃跑的冲动。

当我转身准备逃跑时，其中一个男孩用力抓住我的毛衣，把我拽到他身边。突然，他拿着一把大猎刀对着我的脸。他把冰冷的钢铁抵在我的脸颊上，命令道："如果你不按我说的做，我就捅死你！"他的语气充满威胁，我的脸清楚地感觉到了刀子的利刃。然而，我并没有惊慌失措。相反，我惊讶地盯看着他，然后看向别处，环视了周围的房子一周。最后我对他说："如果你这么做，会有很多人看见。然后你就会进监狱。"

为什么我作为一个五岁的孩子，面对这个年长得多的男性的威胁没有感到恐惧？直到今天，我还是相信他的行为只是做做样子。当时我只知道，他不会按他说的去做，纯粹是出于直觉。我不觉得自己是个受害者，也没有表现得像个受害者。这发挥了某种作用，这个施虐自大狂咕哝了一句脏话，把我推开，又给了我一个脑瓜崩，把我推到了路上去。几个小时过后，想了下可能发生的情况，我才意识到刚刚多么危险。现在回想起来，我已经无法理解自己为什么会有那样的反应。不过，那时的我很快就明白了一件事：我再也不想陷入这样的境地了。我要求父母给我报名柔道课，也由此开始热衷于亚洲格斗术，在我的职业生涯中，我还学会了其他一些类似的格斗术。

然而，这段插曲在我稚嫩的心灵中唤起了其他的东西：我的正义感被唤醒了，一种类似保护本能的东西。我不希望弱者在强者手中受苦，我想让世界变得更好。我开始对警察工作感兴趣。

大约十年后，在学校里，我了解到一门科学，它解释人的经验和行为，人在生命过程中的发展以及所有相关的内部和外部因果是如何联系起来的——心理学。我开始系统地实践我之前一直凭直觉完成的事情：通过观察人们的脸和身体来分析我周围的世界，通过调查获得线索，并以此来解读他们在想什么或感受到了什么。

红军派 (Red Army Faction，RAF)[①] 在那个炎热的秋天给德国带来的恐怖氛围也对我产生了深远的影响。人们为什么要做这种事？他们为什么要冷酷无情地杀死汉斯·马丁·施莱尔[②] (Hanns Martin Schleyer)？

我持续关注这些问题，并追寻其答案，在我加入德国联邦刑事警察局后，这种关注愈发地强烈。在 BKA 的职业生涯中，我验证了之前学到的东西。我意识到了在科学发现的基础上精确分析和评估人类行为的重要性——使人们能够尽快采取适当的措施，而这些措施往往事关生死。

肢体语言的意义与无意义

我们都知道一些刻板的说法，如"手臂交叉表示内心紧张"或"向左看意味着当事人在撒谎"。在这一点上，我认为我们必须打消对这种刻板印象的执念。因为上述的例子不仅不准确，而且对非语言行为的广泛性提供了非常有限的观点。生活中方方面面，从童年嬉戏到长大后的情感交流，再到职场生活的各种情况，我们都会接触到身体语言信号、特征、行动和行为方式，以

---

① 红军派是德国的一支左翼恐怖组织，活跃于 1970—1998 年。在其近 30 年的活动过程中，造成了 34 人死亡和无数人受伤，并导致联邦德国发生了大规模的社会危机。

② 汉斯·马丁·施莱尔，德国前商业官员和实业家。施莱尔在所谓的"德国之秋"期间惨遭红军派绑架并谋杀，是德国历史上最恶劣的事件之一。

非语言的方式传达观点、思想、信息和感情。我们自己也会运用这些策略来吸引他人的注意力，突出对自己而言重要的东西，使我们的话语有分量，并表达那些难以或无法通过口头语言传达的东西。

言语交流也包括非言语，即副语言因素，说话的语调、讲话的风格、音高、音量和讲话的持续时间与说话的内容同样重要。这些因素构成了讲话的实际效果。可以尝试阅读一篇在报纸上的演讲稿，然后听其录音，感受到的效果将完全不同。说话的停顿，甚至在某些情况下话语的言外之意也同样可以用这种方法试验。

说多少话和字句的选择也可以提供线索，从而帮助我们判断坐在我们面前的人是否在说谎。哈佛商学院的迪帕克·马尔霍特拉（Deepak Malhotra）教授和他的合著者在一项研究中有个惊人的发现：说谎的人比说真话的人平均运用的词汇更多，而且说谎的人运用的语句更加复杂，因为他们会更努力地去说服他人相信他们的谎言。研究人员将这种现象称为"匹诺曹效应"，随着谎言的进行，单词的数量会像匹诺曹的鼻子一样增长。此外，值得注意的是，说谎者经常以第三人称表述，比如"他""她""它"和"某个"，而不是"我"。人们推测，他们是在下意识地企图将自己和谎言拉开一定的距离。

第一人称"我"的使用也可以告诉你，哪些信息对谈判对手做出决策而言有重要意义。在谈判中，称谓"我"的运用与说话者的重视程度成间接正比：越是那些使用"我"的人，就越是看重某些信息，反之亦然。这是因为聪明的决策者不希望在谈判中迫于压力而做出决定，他们只会对没有直接参与讨论的第三方势力有所顾虑。

在谈判中，了解自己如何影响他人，从而掌控谈判对手的行为，是至关重要的。在这方面，大脑是我们的得力助手。

人类的大脑容量大，适应性强，渴望学习，但很懒惰。大脑有一种惯性机制，会将所感知到的一切与我们所知道的进行比较，以便迅速发出决策性脉冲。然而，这种惯性机制也是"锚"得以发挥效用的原因。在人类进化生存中，这种惯性机制至关重要。我们的能力和大脑的优越性使得我们能够在与动物世界的竞争中得以生存。确保我们生存的不是我们的带有"缺陷"的外表。我们没有庞大的体型和身材，也没有敏捷的速度，更没有尖牙利爪用来攻击，也没有盔甲或角可以保护自己。我们所拥有的是精神上的灵活性和快速评估情况的能力，并且根据感官接收的信息做出果断和有目的的反应。

我们在几千年的时间历程中发展了这种能力。在进化过程中，这种对自己和外来部落成员的评估能力也使我们得以生存。在文明社会中，那些能够成功地将他人与自己联系在一起的人往往是最成功的人，他们能够动员大多数的人，并从自己的利益角度说服个体。其背后蕴含的（正确）感知、理解和影响自己与他人感受的基本能力也被称为情商（EQ）。大量研究表明，这种超级能力在一个人的成功中发挥的作用比智商（IQ）更大。

然而，在这个日益数字化的世界里，这些能力正受到威胁。情商自我们出生起就存在，但它与智商一样，可以萎缩或增长。但是，在当今这个时代，一个五岁小孩会把白天的大部分时间花在游戏机上,我们主要通过短信或 WhatsApp 来相互进行文字交流,我们失去了读取非语言信息的能力。而当我们自己发现谈判桌前的对手训练有素时,我们才会痛苦地明白被人操控、无力还击的含义。有时,我们甚至会把手臂摩擦桌子时产生的温热当成"家的温度"。如果我们无法解读非语言信号,不能准确迅速地解释这些信息并采取适当的措施,我们就会在谈判中败北。

然而,情商并不意味着那些反应情绪化的人就有优势。不,情商是由三个主要元素组成的:同理心、情绪管理和交际能力。这三个部分相互影响。当我们在谈判中感知到其他参与者的情绪时(共情),我们的类似情绪也会被唤起。镜像神经元在这里起着决定性的作用。如果我们想在谈判中有效地采取行动,我们也必须有能力有效地处理自己的情绪(情绪管理)。通过这两个组成部分的平衡互动,第三个元素——交际能力才能发挥效力。从如何利用某些语言和提问技巧来控制谈判对手的角度来看,我们对这一点已经有所了解,即 F.I.R.E.-业务谈判系统®的核心——控制的概念。高超的交际能力以及在此基础上的语言高度灵活性是让谈判有利于自己的关键。

面部表情所泄露的信息

揭开一个说谎者的面纱,几毫秒就够了。微表情在脸上出现的时间不会超过 500 毫秒,顶多就是一眨眼的工夫。它们属于转瞬即逝的身体语言信号。尽管昙花一现,但如果它们被专家观察到并正确解读的话,就具有非常大的启示作用。微表情的出现和出现频率都躲开了意识的控制，因此也通常被认为是真实和真诚的显露。微表情往往伴随着负面情绪或不适，因此也让我们得以深入了解对方的情感世界。微表情有很多，但我在商业谈判案例中经常遇到的一种是缩紧脸颊，往往会在一侧嘴角旁边形成酒窝状的纹路。这种面部动作是蔑视的确切标志，是对谈判对手行为不道德的蔑视；是对不完美报价或不良表现的轻蔑。持续时间通常只有 50~100 毫秒，最多 500 毫秒，并且无法控制，与语言相比，微表情更多地揭示了对手的内心世界。

此外，训练有素的观察者不仅可以看出谈判对手通过无意识的微表情展露出的内心感受，还能够注意到对手为了达到目的而故意使用某些面部表情。这类表情的持续时间会超过 500 毫秒。如果在谈判中考虑到这些因素，就会更容易察觉对谈判对手而言什么东西特别重要。有意识地解读微表情的人，会更容易取得互惠的谈判结果。因为如果掌握了解读面部表情的诀窍，就会越来越清楚地认识到，谈判结果是如何在情感上被人接受的。通过这种方式，可以在一开始就意识到稍后可能出现的问题，并在必要时加以规避。摩萨德、中央情报局和联邦调查局的案例已经证实：该原则经得起考验。

单个的微表情就像马赛克，可以构成一幅完整的画面。面部表情的反应对这一整体画面也有所贡献。面部表情是判断可信度的一个重要指标。这种表情研究的是哪些特征与陈述的真实性有切实的联系。相比之下，有关可信度原因的实验则研究了评估者在评价可信度时以什么为标准。可惜的是，许多人所认为的认为可以区分真相和谎言的特征通常是不适用的。避免眼神接触、语速很快、手忙脚乱、左顾右盼等不是判断撒谎的硬性指标。

面部表情研究的历史源于达尔文的进化生物学。他在 1872 年的首创性作品《人与动物的情感表达》中写道："面部表情的动作比言语更能揭示一个人的思想和意图。"达尔文是首批研究和描述人类和动物的非语言情感表达的学者之一。他也是第一个提出所谓的普遍性假说的人：这种学说认为，有一些明显可辨别的情绪，这些情绪的面部表情在不同文化中是相同的。在很长一段时间里，人们认为这极其荒谬。主流的科学观点认为，人们表达自己情绪的方式是后天习得，并由各自的环境塑造的。

直到 20 世纪中期，美国心理学家西尔万·汤姆金斯（Silvan Tomkins）才重新拾起达尔文的普遍性假说。在那个时代汤姆金斯以出色的读心术而闻名。20 世纪 30 年代，作为一名学术工作者，他很难找到工作，在撰写博士论文的同时，他在赛马场工作了两年，为当地的赌徒评估马匹的获胜概率。汤姆金斯确信，马的面部表情可以提供有关感情和精神面貌的重要线索。为了将他的理论变成钱，他开发了一种能够预测哪匹马会赢的系统。原则上，他的预测是基于观察一匹马与它左右相邻的其他马有哪些情感联系。事实上，他的系统的运转机制我们还不得而知。他的预测非常准，赚得盆满钵满，使得他可以负担得起奢侈的生活。

在 20 世纪 60 年代，汤姆金斯遇到了前面提到的保罗·埃克曼。埃克曼那时是一位初出茅庐的心理学家，刚获得一笔用于研究目的的资金。埃克曼一开始计划将研究资金投入到创建手部动作分类系统中去。然而，他对汤姆金斯关于面部表情是普适的、与生俱来的说法很感兴趣，并进行了实地考察，他去了智利、巴西、日本、阿根廷甚至巴布亚新几内亚的高地。在那里，他遇到了土著部落，这些部落显然还没有与文明社会有过任何接触。埃克曼向他们展示了男人和女人展现出不同情绪的面部表情的照片。令他惊讶的是，他发现他在旅途中问及的这些人都能准确地说出照片中不同的表情所表达的情绪。这简直石破天惊。因为这个研究结果证实：某些情绪的表达确实是通用的、跨文化的。埃克曼于1969年在美国人类学家年会上汇报了他的研究成果。

埃克曼认为，以下情绪在表达上是相通的：恐惧、惊讶、愤怒、厌恶、轻蔑、悲伤和愉悦。

面部表情是情绪的舞台

今天，面部表情是非语言交际领域中最完备的研究领域。事实依据为科学研究奠定了基础，因为在身体的任何其他部位，情绪都不会像在脸上那样表达得如此明确。每一种基本情绪都是基于某种触发点，我们可以对这种触发点进行识别、分类，并运用在谈判中从而做出合适的应对。其他的肢体语言（手势、姿势等）虽然对情绪的非语言表达有附加影响，但只有面部表情可以表达全部的情绪，而且无须额外的动作。

虽然谈判对手可能试图用肢体语言来蒙蔽对手，但他的面部会准确地将其真实情绪流露出来。我们或许可以从对方的肢体上看出某人在情绪上是出于放松状态还是紧张状态。体态并无法表明到底是哪种情绪引发了压力，而面部表情则不同：恐惧、悲伤、愤怒或厌恶，这些情绪都可能是触发压力的因素，并且可以在脸上通过微表情的方式一闪而过。只要我们把面部看作信息来源，我们就找到了进入谈判对手情感世界的宝贵钥匙。

短暂的、不由自主的面部表情（微表情）是典型的企图掩盖感情的信号。这些表情直接由边缘系统控制，因此超出了我们意识的控制范围。它们可以作为非常可靠的情绪指标，这些表情很难被模仿，或者说几乎不能被模仿。然而，由于微表情持续的时间很短（40~500 毫秒），要识别和正确解读它们需要经过训练。

而宏观表情则不同，宏观表情是可见时间超过 500 毫秒（通常是 0.5~4 秒）的面部信号。当某人既不想隐藏也不想压制某种情绪，或者企图有意地利用某种情绪进行操控时，宏观表情就会出现。宏观表情是可控的，更倾向于在谈判中使用，从而迷惑对手。而对我们自身而言，这意味着如果谈判对手表现出这种模仿性的表情，那么他是有意地使用这种表情，并想以此达成某种目的。

两种情感放大器

扑克玩家、职业骗子甚至犯罪嫌疑人都试图用有意操纵的面部表情来迷惑他们的对手。职业牌手通常在面部表情分析方面受过良好的训练。他们能够准确地观察到，对手"泄露"了哪些情绪，他们也知道无法完全控制自己的微表情。因此，在大型扑克比赛中，人们经常可以看到，选手们不仅戴着太阳镜、穿着连帽衫，男性选手还留有胡须，并会在脸上和手上注射肉毒杆菌，从而避免任何面部表情，也避免手掌出汗。任何事情都不应该使他们暴露内心情感。专业人士知道面部表情是情绪的舞台。对这些专业人士而言,在观察时认识到某个微表情是有意引诱对方走错路,还是不受控制的自发行为也很重要。

在一个人情绪激动的情况下,微表情出现得尤其频繁,强烈的情绪浮现的可能性也会相应增加。情绪越强烈,微表情也越有可能出现。有两种情感放大器,会导致一个人感情用事:

(1)话题的相关性。话题越重要,与之相关的情感就越强烈。根据谈判对手的不同情况,重要的相关因素也可能不同:价格、时间、交货期限、额外的好处,等等。这也可能涉及个人利益或紧急事态。当诸如此类的话题在谈判中出现时,你会注意到谈判对手的情绪变得更加强烈,面部表情更加活跃。通常在谈判中,谈判者有要达成的重要目标或要避免的问题。因此,尤其是在内心矛盾的情况下,他将在情感上投入更多,也极可能显露出微表情。

(2)对收益和损失的期望。在谈判中对收益或损失的主观预期越高,被激发的情感就越强烈。因为每个人对收益和损失的预期都是绝对主观的,因此在这里起决定性作用的是某人对情况的看法,而不是他实际期望的东西。一个人在谈判中是否有赢或输的感觉,取决于他们期望在谈判中取得什么结果。比如谈判结果可能会对他们的事业、家庭状况、经济前景造成的影响,也可能会对他们在上司心目中的形象或社会声誉造成影响。

设想一下以下情况：一个人站在法兰克福市区一栋九层楼的屋顶上，扬言要自杀。他通过宣布这一决定，引起了公众的高度关注（毕竟楼下聚集了消防队、警察、媒体和摄像人员，或许还有家人和朋友），公众的关注与当初驱使他决定自杀的情感没有关系，这种关注所引发的情感可能很强烈。在劝说他离开屋顶的谈判中，识别和评估这些情感放大因素对劝说成功起着关键作用。当明确哪个因素（社会地位、家庭状况、朋友圈）对他而言最重要（并反映在他的面部表情中）后，就要尽量降低这个主导因素对他产生的影响，以引导轻生者主动放弃自杀的念头。

另一个例子：某个家族企业即将做出重大决定。这场重要的谈判涉及两个或多个关系紧密的团体，这些团体基于该问题的利益立场截然不同。对于该问题，良好的关系是未来不可或缺的基础。由于讨论的过程很可能会对关系产生负面影响，必然会招致强烈的情绪。潜在影响越大——例如，失去金钱或丢掉关系的风险——产生的情绪就越强烈。根据对某个问题反应的强烈程度，训练有素的观察者可以此为基础制定谈判策略。至于是什么样的关系，经理和员工之间的工作关系也好，家庭关系或商业合作关系也好，并不重要，该观察机制都一样可以发挥效力。

但有一点必须区分清楚，情绪与心态和性格不同。恐惧的情绪可以在任何人身上表现出来，不仅仅是在心态焦虑的人身上。没有乐观性格或者不苟言笑的人也可以感受到快乐。常见的将情感与感觉等同起来的做法会造成干扰。情绪是短暂的生理性心理反应，会影响我们对特定事件的看法，通常会使我们立即采取行动。在谈判中认识并利用这一点十分重要。

凶杀案嫌疑人是一名训练有素的美国士兵,他长期从事毒品走私,有极大谋杀和焚烧同伙的嫌疑,但他似乎对协助我们进行调查没有任何兴趣。在审讯期间,他盯着我们,一言不发。

在凶杀案中,找到凶器是刑事评估的关键。根据射入死者头骨的子弹,我们掌握了关于凶器的线索。此外,我们的法医同事在犯罪嫌疑人的右手上检测出了硝烟反应。然而,在对犯罪嫌疑人的私人空间以及交易场所,也就是在军事基地的搜查中,没有发现与子弹相匹配的武器。我们也因此缺少一项关键证据。上百名警察刚刚搜查过他射杀同伙并在车内烧毁尸体的林区。在审讯过程中,当被问及凶器时,犯罪嫌疑人仍然默不作声。他受过训练,知道中央情报局的审讯手册《KUBARK 反间谍审讯》——我们在搜查他的公寓时发现了这本手册。从他的档案中我们还了解到,他还接受过军事 SERE 训练(SERE 是求生、回避、抵制审讯及逃脱的英文首字母缩写——用于应对被军事对手俘虏时的审讯)。

然而,当我们告诉他我们正在哪里寻找凶器时,他的下巴开始抽搐并短暂地向上移动,这种肌肉运动很明显代表悲伤。当人们害怕失去某些东西时,就会出现这种情绪。我们的犯罪嫌疑人害怕失去自由。此外,他还担心会被移交给美国的军事司法系统。在表述上述搜索地点时,他几乎不动声色。此外,他开始以一种不起眼的方式玩弄手铐链条,他试图以一种自我镇静的体态来控制自己的情绪。根据这些观察,我们决定加大对林区的搜索力度。果然不一会儿就在那里发现了凶器。该发现也变成了破案的证据,因为上面不仅有受害者的血液和人体组织,还有犯罪嫌疑人的指纹。

针对奥赛罗效应的 OODA 策略

为了准确解读面部表情，我们需要三个条件和一个原则。

条件 1：学会更仔细地观察谈判对手的面部。
条件 2：训练自己对非语言表达变化的注意。
条件 3：训练自己对一闪而过的信号的感知。

这些技能对战争而言格外重要。根据《孙子兵法》，美国战斗机飞行员约翰·博伊德（John Boyd）推演出一种模型，该模型起初用于战争，后来也被成功地应用于商业谈判。这就是 OODA 循环（OODA Loop），它在军事领域也有所运用。"OODA"分别代表观察（Observe）、定位（Orient）、决定（Decide）和行动（Act）。博伊德认为，我们的对手观察某种情况并收集信息，这些信息反过来构成了定位和行动的基础。行动再次触发事件，循环再次开始，如此往复。在这个观察、定位和行动的循环中，成功的往往是那些消磨对手时间，从而让自己更快地通过循环的人。迷惑对手也好，散播不实信息也好，我们可以看到，这些手段不仅在战争中，而且在政治、商业或谈判中一再地被运用。即便身处战争之外，我们也必须收集、分析和评估所发生和所谈论的一切。

在收集了全部相关信息后，所有信息最终会如马赛克一般拼成一幅图画，仔细观察后可能会发现，这些信息只是看上去正确而已。在这之后必须对信息进行定位，制定措施并采取相应行动。越是专注，回旋余地也就越大。马萨诸塞大学医学院教授、分子生物学家乔·卡巴金（Jon Kabat-Zinn）曾用"以某种方式专注于当下，不妄下定论"来描述专注力的真正潜力。

基于这一定论和OODA循环在谈判中的应用，始终将观察和定位分开，成为成功解读面部表情的一个重要原则。这是因为面部表情只能告诉我们某种情绪，但无法提供答案。尤其是作为初学者，人们很容易过早地解读面部表情情绪化的原因，并常常把自己的心境带入面部表情中，从而在谈判中进行错误的解读，这也被称为"奥赛罗效应"。

在莎士比亚1603年的戏剧《奥赛罗》中，奥赛罗将军听说了他的妻子苔丝狄蒙娜与他最亲密的好友凯西奥偷情的流言。嫉妒使他怒火中烧，跑去与苔丝狄蒙娜对峙。苔丝狄蒙娜声称自己是无辜的，但面对愤怒的丈夫，她担心自己的性命。奥赛罗察觉到了她的恐惧，并将其理解为对不忠后果的恐惧的确切表现。在杀了她之后，奥赛罗才发现苔丝狄蒙娜对他一直忠心耿耿，并随后自我了断。奥赛罗的错误在于他误解了苔丝狄蒙娜恐惧的非语言信号，忽略了她的恐惧并非来源于承认自己的错误。

许多初学者同奥赛罗一样，在进行面部表情解读时也会受到错误想法的影响，自认为清楚某种情绪为何会出现。为了避免这种错误，在面部分析中要使用OODA循环。在感知到微表情之后（观察），在先前所做陈述的背景下对其进行评估（定位）。该过程发生得非常迅速，但只要稍加训练就能轻松学会。

设想一下以下情况。你将谈判对手的陈述总结如下："我不知道这样理解是否正确，一辆后备厢容量至少为550升的旅行车对你格外重要，因为你需要它来承载你的大家庭和每周的购物？"对方对这一总结表示肯定，并将嘴角压在一边，这很明显是蔑视的标志。语言与面部表情不一致，且明显不协调。蔑视情绪背后的心理诱因，也叫作"扳机"，是由"糟糕或不良的表现"引起的。那么这种情绪与你的总结有关系吗？

现在必须决定要用这些信息和相应的背景分析来做些什么（决定）。现在我们可以弄清事情的真相，以避免动机分析中的错误，并稳定与谈判对手的关系。一旦决定，就必须实施（行动）。"看样子是我对一些东西的解读不够正确？"从这句话开始，对手对我们的反应会更加友好，并会对我们一开始的总结陈词加以补充或纠正。

顺便说一下，不要担心对手会感到自己"被探查"。在表现出面部表情后，人们通常甚至没有意识到自己做出了表情。而追问会催生一种积极的情绪，对手会心怀感激，因为你想准确地了解他。在我们的例子中，对方可能会回答："其实，除了纯粹的实用方面的需求，我实际上需要这辆车来满足我的爱好，我经常和朋友们一起骑山地车。而我需要一辆可以容纳四辆自行车，并且还能舒适地旅行的车。"因此，对方买车的真正原因是为了满足平时的爱好，而不是为了做一个乖巧的家庭主夫。

不清楚基线在哪，就会盲目：为何闲聊如此重要？

在肢体语言和面部表情方面，有些人有时比较活跃，有时不太活跃。如果某人仅仅做出大幅度的手臂动作，快速说话或频繁皱眉，并不能说明他感到紧张，也不意味着他感受到了压力。也许这只是他们与人沟通的基本方式，是他们的正常行为，也称为基线（Baseline）。

在看到面部表情信号时，评估对手的非语言行为的变化明显程度也很重要。只有靠那些偏离他自身正常标准的行为才能得出有用的结论。因此我们必须建立相应的基线。基线的建立在压力小的情况下效果最好，可以在谈判开始时通过谈论无关紧要的事情，如天气、开车去会面地点或上次度假来营造轻松的氛围。人们称这种十分有效的谈话形式为短暂的闲谈，这种情形下人们的表现即为基线。但可惜的是，在德国闲谈的重要性显然被低估了。

一旦用中立的话题打开了局面，接下来就可以谈论感性话题了。通过这种方式，我们可以看到谈判对手在涉及感性话题时是如何偏离他的基本状态的。合适的话题可以是最喜欢的足球俱乐部的最近一场比赛的结果或政治话题。凭借这种方式，我们可以确定对手对轻松或是批评性的话题的不同反应。同时，这整个过程也可以变成人际关系往来的一部分。如果你认识谈判对手很久了，可以他之前在谈判以外的某些情境下的表现，来校准对手的正常行为。

情绪背后隐藏了什么？

如前面所述，面部表情是由情绪直接触发的，这在不同的文化中是一样的。甚至在任何有意识的反应之前，外部信号、刺激、语言、概念和图像都会被大脑中的杏仁核评估，并立即处理转化为一种情绪。这种情绪是恐惧、惊讶、愤怒、厌恶、轻蔑、悲伤和愉悦这七种基本跨文化情绪之一，会直接反映在我们的脸上。因此，面部表情是我们所有情绪的舞台。即便有时我们想停止舞台表演，也很难完全封锁自己的面部表情。

每一种情绪的背后都有一个内在的诱因，即所谓的触发器。这种触发器，或者说某个触发事件，由我们的边缘系统以飞快的速度进行评估。当我们思考、感觉或感知某事时，我们会下意识自主地对其进行积极、中立或消极的评估。这些评估在潜意识中发生于千分之一秒内。因此，边缘系统直接对我们的想法做出反应，并将信息发送到脑干，进而引发身体的各种生理反应。面部肌肉的不自主收缩是这些快速反应之一，而这就是我们可以察觉到的面部微表情，也是我们在谈判中需要重点关注的。

例如，被怀疑的美国士兵脸上不断显露出愤怒的表情，这无疑表明我们正在阻挠他企图实现无罪释放的目的，阻止他继续逍遥法外。他的另一个目标是不被移交给美国的军事司法系统。第二个提示性信号是悲伤。悲伤明确无误地表明人们已经失去了一些东西，就美国士兵而言，他失去的是他的无辜和个人自由。找出凶器会百分百将他与凶杀案联系起来。如果他被带到美国的军事司法系统，甚至会有丧失生命的危险。

无论在什么类型的谈判中，注意面部微表情都足以改变游戏规则。悲伤可以代表损失，惊讶可以是对方在谈判中缺少某些信息的表现。厌恶可能是对某些绝不可接受的要求的反感。而喜悦则代表着目标的达成，也是最容易暴露的微表情之一。

一秒内在脸上飞快闪过的情绪，集中在三个面部区域：额头／

眉毛区域、眼睛/鼻子区域和嘴巴/下巴区域。

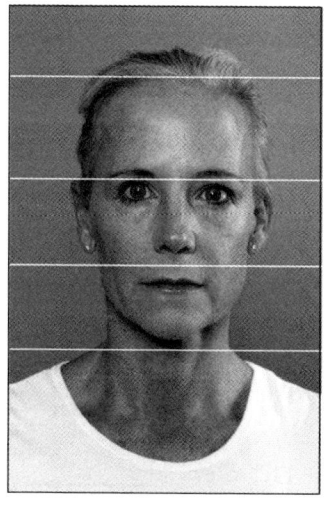

面部上部—额头/眉毛

面部中部—眼睛/鼻子

面部下部—嘴巴/下巴

惊讶

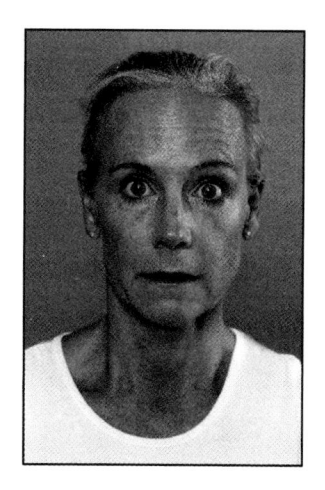

正如俗话所说的那样，当人感到惊讶时，会"惊掉下巴"。事实上，惊讶是通过张开但放松的嘴巴来表达出来的。但这并不是唯一的特征。在额头/眉毛区域会挑高眉毛，在眼睛/鼻子区域会抬高上眼皮。

出乎意料或新奇事物的出现，都会引发惊讶的情绪。在谈判中亦是如此。例如，谈判对手在谈判中面对他始料未及的信息，将试图现场处理并评估这些信息。惊讶通常只是一个中间阶段，决定性的情感通常紧随其后。所以要注意对方接下来的非语言信号。

愤怒

如果说张嘴是惊讶的典型特征，那么皱眉就是愤怒作为基本情绪的典型特征。此时眉头会向下，并向一起聚拢。此外，上眼皮会抬高，下眼皮会紧张。在嘴巴/下巴区域，可以通过压扁的嘴唇来识别愤怒，有时下巴还会轻微地向前伸出。

愤怒的情绪是由实现目标的阻碍、不公正的对待或是对价值观的违背所引发的。与痛苦和厌恶一样，愤怒可能是一种迹象，表明我们提出的要求似乎无法被满足，而对手认为他的谈判目标面临着风险。如果对手的某个基本需求没有被考虑到，也会将愤怒反映在脸上。因此，如果在谈判中没有足够重视对手所说的话，对手可能会察觉到他没有被认可，而被认可是一种基本需求，该需求没有被满足，对手就会表现出愤怒的面部表情。然后，我们必须决定是否要让这种对关系的损害保持原样（决定），或者是否应该就这一点再次总结陈词。也可以夸奖对手（行动），以再次稳定关系。

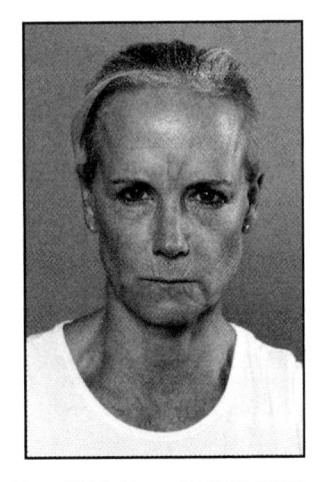

悲伤

当感到惊讶时，我们会本能地将两条眉毛完全抬起；而当感到悲伤时，只有眉毛的内侧向上移动，也就是声名狼藉的"小狗

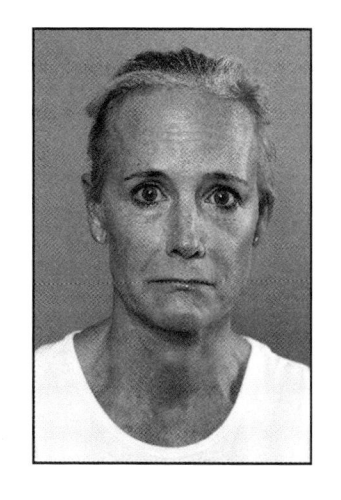

一般可怜巴巴的表情"。拉低上眼皮和嘴角，再使下巴尖向前隆起，这个表情就完成了。

失去重要的东西会引发悲伤的情绪，如失去某个心爱的人或物。或者例如那位美国士兵在失去个人自由时。在谈判中，当对方在心中实际已经接受了某个要求，但由于价格太高不得不再次"放弃"时，也会表现出悲伤。

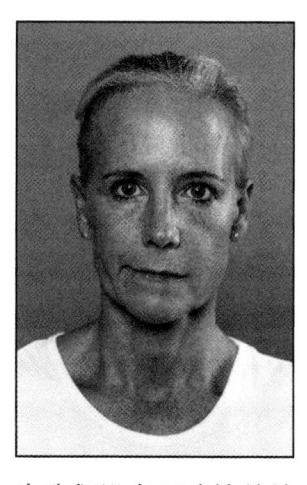

轻蔑

如果对方将嘴角撇向内侧，并且只将一边的嘴角上扬，同时眼睛完全保持不动，很明显这是在表达轻蔑。

如果对手认为我们行为不道德，或者我们所做的还有缺陷，就会产生轻蔑的基本情绪。例如，对动机的总结陈述被认为不充分时，就会引发轻蔑情绪。这十分充分地表明，对手认为我们没有正确地总结，只是暂且以肯定的态度承认我们的总结。在演讲或销售会上，这种表情明确地表明，所介绍的服务没有达到客户的期望。

第四章 FACS 准则：面部表情说明一切 183

快乐 / 愉悦

与轻蔑的微表情不同，表示快乐和愉悦的微表情是两个嘴角同时上扬，这种微表情对谈判有所帮助，同时又能透露很多信息。嘴角上扬的同时伴随着眼角皱纹向下，露出所谓的笑纹，面部以这种方式呈现出真正的喜悦。

愉悦的基本情绪是由目标的实现或期望和愿望的达成所引发的。某种需要得以满足，脸上就会显露出真正的喜悦。这也是人们在谈判中喜闻乐见的一种基本情绪，因为它明确地表明谈判的解决方案已经被接受。然而，在谈判中，对手不会总是承认目标已经达成。他总会致力于优化这一结果。因此，在愉悦的情绪短暂出现后，往往会看到对手摇头，这往往与"很可惜，这还不够"或"该结果在我们内部无法执行"的想法有关。但这时我们早就知道，这已经足够了，对手不会再去冒让谈判失败的风险。

厌恶

这种倒人胃口的表情很容易通过不满地皱起鼻子来判断，这也是厌恶这一基本情绪的特征。厌恶感可以通过两种方式表现在脸上：可以通过上文提及的皱起的鼻子，结合向下的眉毛和扬起的上唇。另外，下唇也可能会抬高，但下唇的抬高不是必需的。

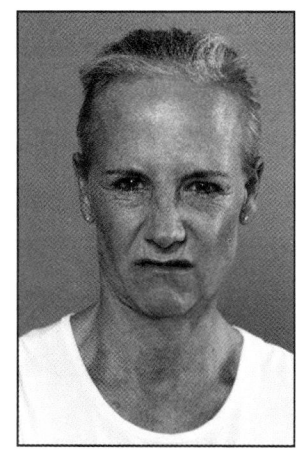

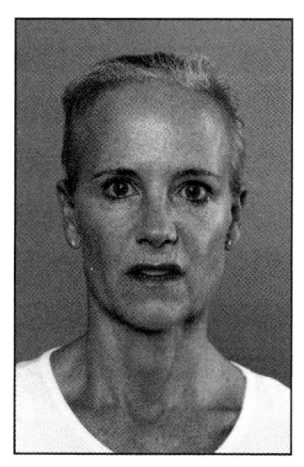

然而，厌恶也可以在没有皱鼻子的情况下表现出来。在这种情况下，厌恶只能通过向下的眉毛和上扬的嘴唇来识别。同样，下唇也有可能被抬高。

从字面和隐喻层面上来说，厌恶的基本情绪是由令人讨厌的不干净的事物引发的。看到昆虫聚集在家庭垃圾附近，可能会引起许多人的不适。

在谈判中，这种基本情绪至关重要。它往往是针对某个人或某个人所展现的价值观。如果在谈判开始时，在建立联系阶段就带入这种基本情绪，那么谈判对手也可能对我们有偏见和假设。有一种可能性是思想先入为主，并以情感标签为策略来解决这些问题。"看来，你是担心我待你不公？"如果该情绪出现在谈判的其他阶段，就得考虑在对话中是否采用了有违对方价值观的表述。最好理清并对这一基本情绪加以回应，因为这里可能隐藏着对关系层面的巨大破坏，也会助长对整个谈判行为的不信任，而谈判对手将通过这种滤镜来看待我们的每一句话。

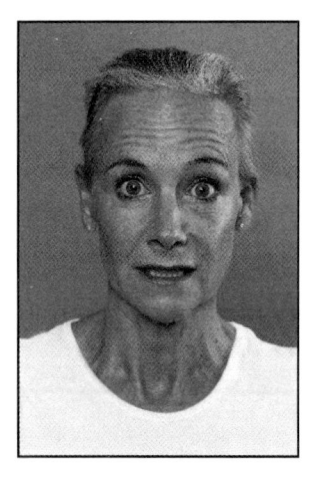

恐惧

在犯罪题材影视剧中，人们通常会说"他的脸上写满了恐惧"。人们口中的这种紧张因素确实需要从字面意义上理解。因为恐惧的确可以表现在一个人的脸上：挑起的眉毛，紧蹙的眉头，抬高的上眼皮和绷紧的下眼皮以及咧向外侧的嘴巴，有时还会伴随着颈部肌肉的紧张。

当生理或心理面临危险时，恐惧的情绪就会出现。如果在谈判对手那里察觉到这种情绪（观察），这也就意味着对手可能将我们的某句陈述判定为对他自身动机的威胁。这时就要考虑：对方到底感受到了什么样的威胁呢（定位）？此时，要么选择迎合对手的期望（决定），要么干脆反其道而行之，对对手企图实现的动机提出大量要求。当你作为工会代表当着领导的面说出"谈判还需要很多时间，在未来的六个月里我们不可能达成协议"这句话时，仔细观察对方的表情，如果对方面露难色，我们也就知道，时间因素对对方而言十分重要。结束谈判可能是对方目标协议的一部分，还有可能与奖金挂钩。在这种情况下，为了更快地"完成任务"对方便不得不满足我们提出的要求。

当我们作为销售人员提出中断交易从而使得谈判陷入僵局时，如果能在买家脸上看到这种表情，那么大概率可以肯定买家会首先做出让步。

痛苦在微表情中扮演着特殊的角色。虽然痛苦不是情绪，但当我们正确解读表情信号时，我们可以在此基础上获得重要的提示。不仅在生理层面上，痛苦还可以从心理层面上表现出来，但诱因有所不同。大脑在所谓的痛苦-厌恶中枢处理和价格相关的信息。因此，"这是我的最后的出血价！"这个绝妙的句子也有着真实的依据。

德国著名微表情专家德克·埃勒尔特（Dirk Eilert）曾经具体描述过痛苦-厌恶的具体表现：

在面部上部区域（额头/眉毛区域）
- 紧蹙的眉头
- 紧闭的双眼
- 眯起的眼睛

在面部中部区域（眼睛/鼻子区域）
- 通过眼圈的肌肉拉高脸颊
- 缩紧下眼睑
- 皱起鼻子

在面部下部区域（嘴巴/下巴区域）
- 上唇抬高
- 嘴角咧向两侧

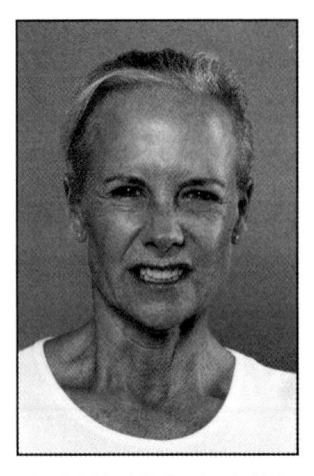

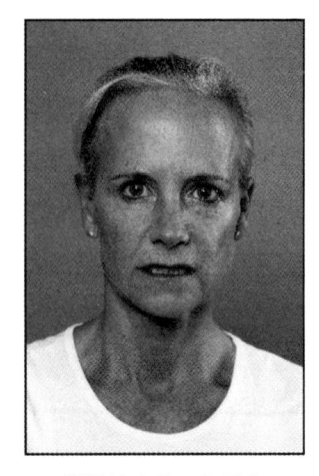

感到痛苦时的典型面部特征　　　　微妙的痛苦面部特征

当我们在谈判中谈及价格时，就已经开始从主观层面上进行评估了。每个人心中对某个产品、某种服务等的花费是多少并且能承受的价位是多少都有各自的想法。当一个价格被认为过高时，就会引发肢体以痛苦或者抗拒（抗拒是厌恶情绪中的一种）的形式予以反应。但能否在脑中的处理中心激发感到痛苦的刺激，完全基于对价格的主观评定，与人们所得到的东西有关。因此，在涉及价格的谈判阶段，应注意观察对方是否显露痛苦和厌恶的面部表情。这些表情提供了重要的线索，会告诉我们是否还需要在提出的价格上下功夫，或者我们是否已经接近了对手所能接受的极限。

但不要误以为痛苦、厌恶是不利的情绪。这些表情清楚地表明对方对产品/服务有着购买意愿，同时也表明该产品对对手而言关系重大，有着重要意义。如果对方对我们提供的产品/服务不感兴趣，我们的报价也就不会使对方"心里"感到痛苦。他感受得到这种痛苦，是因为报价达到或接近了他所期待的极限。这种"信念"基于谈判对手对产品的评估，或者说对手是如何得出结论的（决定）。

考虑到这一点，我们不必降低价格，而应该理所当然地把重点放在改变对手的评估上（决定）。那么，我们现在可以怎样（行动）来了解对手是如何评估的？我们可以反馈自己的观察结果，比如问："您是不是觉得价格太高了？您比较的对象是什么呢？"我们会得到下列常见的答案：

- 以其他产品/服务的成本为比较对象。此时，我们应该再把产品/服务的具体内容分开解释，从而改变对手的看法。
- 以产品的性能为比较对象。在此，我们应该重新将产品的优点与我们在第三阶段，即动机分析中的发现进行比较。我们的产品能满足的动机/兴趣越多，就可以把价格抬得越高。
- 以谈判对手的财务状况为比较对象。这时，对方已经接受报价，只涉及付款事宜，如付款期限、折扣、分期付款等。
- 以公司在同类产品/服务上的其他开支为比较对象。此时，我们应该质疑对方具体的分类/定位，从而改变我们自己的定位。

观察	定位		决定	行动
基本情绪	一般心理学上的诱因（扳机）	作用	关于诱因的（内在）问题	可能的解决方法
恐惧	生理或心理层面上感受到威胁	避免危险；减少损失	对手将什么视为威胁？	处理并解决威胁
惊讶	出现了未料到的事物	定位并获得信息	哪些人或物是对手始料未及的？对手还缺少哪些信息？	确定并给出信息
愤怒	目标受到阻碍，价值观念受到损害	消除障碍	受阻的是哪个目标？哪些价值观念受到了损害？	消除或处理目标障碍
厌恶	不干净的或令人反感的腐烂的物品	排斥或想要抹消某件事物	到底是什么使对手感到不适？被讨厌的是人还是某件物品？	询问对手没有被满足的想法，以及被损害的价值观念
轻蔑	不道德行为或不良表现	保持优越感，对察觉到的行为或表现进行评论	哪些行为不够得体	回到原点，必要时改正行为
悲伤	失去心爱的人或物品	回收资源，寻求帮助	失去的是谁？失去的是什么东西？	倾听并提供支持/找到可以继续磋商的等价事物

续表

观察	定位		决定	行动
基本情绪	一般心理学上的诱因（扳机）	作用	关于诱因的（内在）问题	可能的解决方法
快乐/愉悦	目的得以达成，愿望得以实现，需求得以满足	未来对相同或类似行动的期待，达成合作	对方达成了哪种目的？	强调积极的一面，不要被其他要求迷惑
痛苦-厌恶	基于过高的报价，预计会有亏损	改变价格或对方的评估想法	价格过高是以什么为参照标准？	处理具体的参照标准

不动声色（扑克脸）：感情是如何流露出来的

哪怕我们闭口不言，我们的肢体还在谈论不休。专业的谈判者通常运用这一点来破译谈判对手的情绪、动作以及背后的动机。在破译时，他们总是在寻找自相矛盾的地方，因为人们在措辞时可以字斟句酌，可以通过练习来控制声音，甚至可以摆出一张扑克脸，但几乎没有人会设法随时控制住所有的语言和非语言表达。在某些时候，不协调的现象会在某处露出马脚。

扑克脸悖论的基础是，我们的语言和非言语信息受主观控制的难易程度是不同的。虽然我们可以比较容易地控制我们的言语，但几乎不可能控制微表情。然而，最困难的是在所有表达之间建立起一致性。这就形成了一个可能的薄弱点的层次结构，即重要信息泄露的概率。

可控度	
简单	1. 话语
	2.（面部下部区域）明显的表情
	3.（面部上部区域）明显的表情
	4. 肢体语言（体态，仪态，适应性反应）
	5. 声音（语调，声音的变换）
	6. 微表情（小于500微秒）
困难	7. 在所有表达之间建立起一致性

扑克脸悖论可以帮助我们过滤掉一个人行为中的不一致之处，它需要我们对以下两个层面进行关注：我的对手在说什么，他是如何表达的？

语言很容易分析。口误和内容上的出入意味着前后矛盾。因此，更重要的是有意识、主动地倾听，保持目光接触，找出基线，从而能够注意到对手在压力下是否有什么变化。因为，越是了解与你对话的人的"正常"行为，就越容易揭开其矛盾的面具。

我们自己的声音也会迅速地成为陷阱。问题是，我们只有在说出口时才会注意到，而那可能为时已晚。因此，偏离正常音调的声音通常很好地表明，与我们交谈的人的情绪很激动。突然压低声音，说话声音突然变大或者语速突然变快，都可以成为紧张的重要指标，从而表明对手立场不坚定或该话题与他高度相关。认识到这些指标并将其为己所用，对于成功的谈判而言，尤其是对电话谈判而言至关重要。但在这里，了解对方的说话常态也很重要，因为这是评估对方提高音调是否真的是由于不安造成的唯一方法。

控制宏观表情，即出现时间超过 500 毫秒的面部信号，虽然比较困难，但也可以通过练习掌握。有意识地控制所有的宏观表达，需要高度的专注力，即在重要的谈判情形中，我们倾注在谈话内容和对手身上的专注力。

控制整个身体的表达要比"仅仅"控制面部的宏观表情难得多。特别是在有压力的情况下，人们会采取典型的保持镇定的姿势，即所谓的适应反应。摸耳垂、挠下巴、搓手掌，在美国士兵的例子中，玩弄手铐的链条也是其中一种表现。适应表现的增加通常表明压力或专注力增加。相反，在说话时通常使用的手势往往会随着认知上的紧张而减少。此外，还有一些根本无法控制的生理反应，如皮肤血流增加导致明显的脸红，或眨眼频率提高。

控制微表情几乎是不可能的。在所有表达渠道中，它是最难控制的。比这更难的只有一件事：控制所有表达渠道。

所有这些表达之间的不一致和出入，最能说明对方在使用欺骗性的伎俩。因为人们不可能每时每刻都掌握自己的语言和非语言信号。

因此,挑战越大也就意味着机会越大:尝试观察所有的表达和信号,并将它们相互联系起来。一旦认识到不协调,可以将其视作一个重新评估谈判情形的机会,多花一点时间做出决定。但要注意的是:肢体语言会提供给我们关于某个人的感受的线索,但不能给出某种特定的感觉出现的原因。

我们也因此必须定期进行 OODA 循环,并始终将所看到的(观察)与诱因以及目前正在讨论的主题或术语联系起来(定向)。有了这些信息,就可以准确评估该话题与对方的相关性,以及对方对收益或损失的相关预期。进而得出一系列可能的处理方法,从中选择最佳方案(决定)加以实施以获得最佳结果(行动)。

第五章
谈判侧写

05

不战而屈人之兵，善之善者也。

——孙武，中国古代军事家、政治家，选自《孙子兵法》

那是一个周四的中午，我正走在慕尼黑的市中心，突然电话响了。"你现在马上赶往德国北部，"电话另一端的人说道，"有一个与食品行业相关的产品敲诈的案子！"给我打电话的是一家保险公司的经理，当他的保险客户面临危机谈判的威胁时，他经常要求我提供服务。而从我刚才听到的情况来看，客户正处于水深火热之中！

几个小时后，我坐在了德国北部的食品公司负责人的办公室里。"这是今天寄来的，"他指着一个纸板箱说。摆在我面前的是一个不起眼的盒子，大概有30厘米×40厘米×20厘米那么大。盒子敞开着，里面的东西可以完全被看到。大量的气泡膜保护着三个容器不受任何损害。这是食品公司用玻璃和塑料包装的三种产品。盒子已经被整齐地包好了，看起来就像是寄件人用尺子测量过，把内容物准确地固定在盒子的正中间。产品的包装完好无损。这是一种带有盖子的旋拧式玻璃罐子，由于真空，打开时通常会发出"嘭"的一声；另一种是带有真空密封条的盖子，也叫作"搭扣式";还有一种是焊接过的铝制盖子,类似于酸奶杯的包装。所有这些封装手段都说明,应该不可能人为动手脚。除负责人外,该公司的包装专家也在场。"包装看起来完全没有破损。"专家强调道。"如果这里说的是真的,"一个人把一封信推到我面前,"那么这些包裹肯定被打开过。但他们是怎么做到的呢?"

我看了一下这封信,为了不破坏任何指纹,这封信被装在一个透明信封里,收件人写的是公司的负责人。敲诈者自称是"公司的朋友",告知我们密封的产品已被投毒。他要挟该公司支付50万欧元,否则他将把有毒产品投放到整个德国的超市货架上。为了向他表示公司的诚意,需要先支付5万欧元的保证金。这是典型的敲诈,而这封信也很明显是我们危机谈判的出发点。

我们决定通知警方。接下来要查明是否真的如同他在信中声称的那样,他在我们面前的产品中投了毒,或者他只是单纯地虚张声势。在德国,每年都有几封内容类似的信件被送至公司,对大型企业而言这已经司空见惯了。平均每个月都会有敲诈者的信被送到门口,四至六成的人在首次尝试后就放弃了,只有大约一成的勒索案件会持续一周或更长时间,许多案件甚至不为人所知。我们的勒索者是动真格的吗?他的准备有多充分?他事先已经认真研究过敲诈的实施过程了吗?他打算怎样交接保证金?所有这些指标都是为了评估他是否会在与我们第一次接触后放弃行动。

这些罐子被送往法医部门进行了检查,第二天呈现给我们的结果让我们无言以对。所有的三个罐子中都含有大量的巴比妥酸盐,如果过量服用有呼吸停止的危险,会危及性命。而且,在每个罐子中发现的剂量肯定会对老人和儿童造成生命威胁。因此，敲诈者为犯罪做了大量准备。他细致地研究了产品的封口，并找到了一种在不损坏产品的情况下打开包装然后再进行密封的方法。我们决定与他联系，并象征性地汇了 500 欧元过去。我们想从他那里得到进一步回应，以争取时间。

这些发生在前一周的周五，而现在已经是星期一了。第二封信已经送达，其中给出了更多具体的细节：

信头 / 事由：产品敲诈——已收到预付款

订金 500 欧元已收到。我同意合作并请追加汇款，但不会通过电话联系。对营业额 6 亿欧元的公司来说，我要求的 50 万欧元应该不是问题。为了证明你们的诚意，请分期付款。

请立即将 49 500 欧元于 20××年 1 月 14 日之前汇入我的账户，转账目的填写"20××—1287 第 2 周第 1 期合同佣金"。

剩下的款项请分九笔、每笔 50 000 欧元于每周一汇入我的账户，汇款目的请如下填写：

1. 20××年 1 月 18 日——"20××—1287 第 3 周第 2 期合同佣金"。

2. 20××年 1 月 25 日——"20××—1287 第 4 周第 3 期合同佣金"。

3. 20××年 2 月 1 日——"20××—1287 第 5 周第 4 期合同佣金"。

4. 20××年 2 月 8 日——"20××—1287 第 6 周第 5 期合同佣金"。

5. 20××年2月15日——"20××—1287第7周第6期合同佣金"。

6. 20××年2月22日——"20××—1287第8周第7期合同佣金"。

7. 20××年3月1日——"20××—1287第9周第8期合同佣金"。

8. 20××年3月8日——"20××—1287第10周第9期合同佣金"。

9. 20××年3月15日——"20××—1287第11周第10期合同佣金"。

对以上汇款日期不得提出任何异议，否则我会将我第一封信中所写的计划付诸实践。

先撇开威胁性内容不谈，包裹和信件传递给我下列信息：我们面对的是一个认真仔细、注重细节、考虑周全、伺机而动的人；一个仔细思考、不草率行事的人；一个被动的人。这种人行事周密，不能指望他做出任何冲动行为。付款方式被列举得一丝不苟，按部就班，注重过程，信件内没有任何与人有关的表述，也说明他是一个对事不对人的人，喜欢处理事实、统计数据和技术细节。在这种情况下看来，这是一个好兆头：该类型的谈判一般都能以理性的方式进行。

我们不得不采取行动，但我们仍然面临着一个谜团：包装上的各种封条完全没有被损坏的痕迹，容器上其他地方也没有任何迹象表明产品是如何被动了手脚的。在我看来，这是另一个线索，表明敲诈者不仅极其认真、注重细节，而且很聪明，很可能精通工艺和相关技术。他对该公司非常熟悉，甚至可能曾经是该公司员工，可怕的是他可能曾经在公司的管理层任职。

我们必须争取时间，从两个方向开始调查，不能引起公司内其他人的注意。在这一点上，我们与警方意见一致。有一件事正中我们下怀：该行业的一些供应商之间存在价格垄断，公共检察官也因此在德国各地进行调查。媒体大肆报道，并把该问题列入社会议程。虽然该公司并未被指控，但我们想"趁机"利用这种情况，从而使得汇款延迟变得可信。因此，在线上汇款时，我们在目的一栏注明："检察院正在调查，注意提防卡特尔协议。"

敲诈者就这样被我们拖住。我们与他进行了更多接触，并开始了谈判。这让我们对他的个性和行动特征有了越来越多的了解。最后，警察设法抓住了他。调查表明，他伪造了12个完全不同的身份。他在地下室的一个小车间里伪造了对应的假身份。他用这些身份开设网上账户，并从德国的多个自动取款机上提取了收到的款项。他是能工巧匠，成功地组装了一套设备，用这些设备他可以重新密封罐子和塑料容器上已经被打开的安全盖，让它们看起来就像刚从生产线上被生产出来一样。他是个聪明人，即将获得自然科学博士学位，想为他欲求不满的女朋友买些东西，因此需要钱。我心里感到有些遗憾，这么一个聪明的人，本应成为我们社会的真正栋梁，却走上了邪路。

在与劫持者和敲诈者的谈判中，性格侧写是一个不可或缺的工具。这种侧写在政治谈判中也已经有了长时间的运用。在商业或专业谈判中，它也变得越来越重要。在大型重要谈判中，会运用人格分析和FACS工具的侧写师或观察员也经常出现在谈判桌前。

我们人类总是试图描述我们自己和我们的同伴，并将其归类。在古代，古希腊人将体液与特定的气质和疾病结合起来：血液——气血旺盛，性情开朗；痰——痰湿，个性呆滞；黑色胆汁——忧郁，性格忧郁；黄色胆汁——暴躁，性情乖戾。好吧，上述结论可能在谈判桌上没有什么用武之地。时至今日，我们更加关注的是心理学和神经心理学的最新研究成果，它们对正常表达和相应障碍进行了区分，在《精神疾病诊断与统计手册》（第5版）中对这些障碍有所描述。

研究始终致力于找到一种优良可靠的方法，将像人格这样复杂和多层次的东西纳入一个定义明确的模型，从而使我们能够十分准确地预测一个人在某些情况下的行为方式。

然而，始终要记住的一点是：我们的个性只是众多影响因素中的一个，我们在谈判中的行为既受环境的影响，也受我们的经验和个人目标的影响。性格侧写也只能帮助我们在谈判中与谈判对手更好地进行互动，尤其是在建立联系阶段，可以更快建立信赖，减少不信任因素，也可以帮助我们了解对方对哪些事物反应强烈，对哪些事物反应冷淡。这会为我们提供线索，说明对手的哪些个性起着主导作用，并且这可以使我们在发生攻击性或非理性的突发情况时，思考出应对危机的最佳解决方案。

在上文敲诈者的例子中，被动的、按部就班和对事不对人的性格特征占据着主导地位。他有一种所谓的"较真"的人格特征，该特征无法说明某人的所作所为是好还是坏，只能表明他具体的行事方式，并为我们提供了如何与其更好地取得联络的线索。在谈判桌上也是如此，具有这种特征的人会认准他们所做的事情，全心全意地工作，在工作和私人生活之间几乎没有任何界限。他们对自己抱有最高的期望，对别人也要求全力以赴。他们讨厌失误，在极端情况下，他们有着控制和逼迫的倾向。心理学家将其描述为一种性格障碍。

针对这种人，在谈判中最好也安排一个同样较真的人与他对峙。一个同样重视细节的人，在采取行动前会进行详细的分析。如果想在与较真的人的谈判中取得成功，我们也应该同样注重事实和细节。如果不以这种方式进行，那么对方就会与我们进行评判。而这意味着他觉得我们在谈判中表现得很肤浅，并会把我们归类为肤浅的人。而这恰恰是一个较真的人格所需要的：对事物进行分类。

在我的培训和讲座中，谈判的剖析侧写起着重要作用。我总是向学员们强调，每个人的内心都有着人格的所有基本方面，只是在每个人身上的表现不同。即便发现某人符合某种谈判性格类型，也并不意味着同一类型的两个人的具体特征就完全相同。模型可以用来找出我们要面对的是哪种性格，它可以帮助我们进行相对精准的定位。

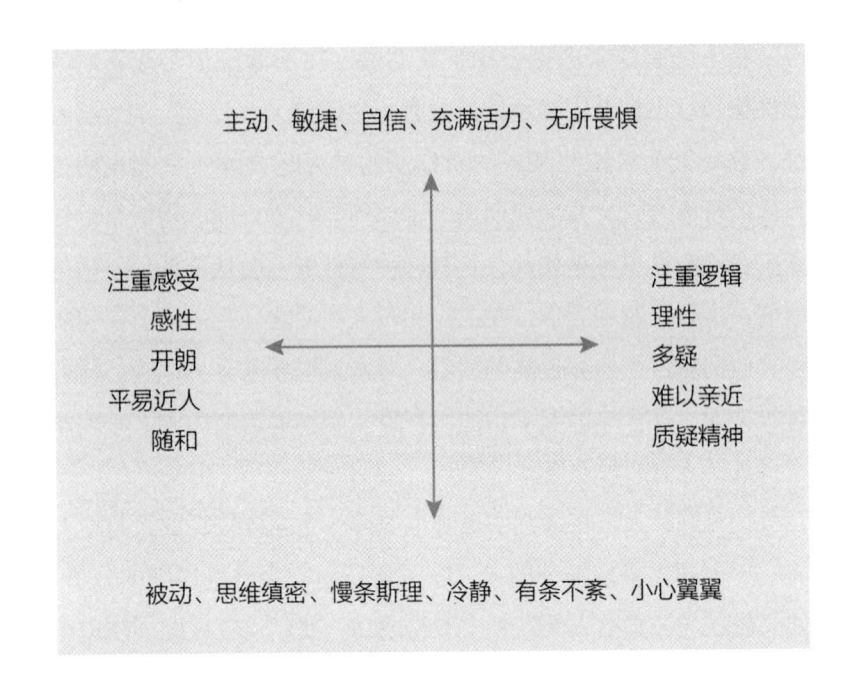

```
              主动、敏捷、自信、充满活力、无所畏惧
                            ↑
                            │
  注重感受                  │                  注重逻辑
  感性                      │                  理性
  开朗              ←───────┼───────→          多疑
  平易近人                  │                  难以亲近
  随和                      │                  质疑精神
                            │
                            ↓
              被动、思维缜密、慢条斯理、冷静、有条不紊、小心翼翼
```

在定义人格类型时，我们可以运用这个两轴相交的图表。纵轴显示一个人的行为偏好，即他是倾向于主动出击还是行为被动，即主动还是被动。横轴则表示一个人是以人为主还是以物为主，是感性还是理性发挥作用。因此该模型也仅限于两个方面：感知偏好和行动偏好，每个偏好都拥有两个相反的端点。这也有助于我们快速评估人格类型，因为这两条轴线所划分出的四个领域也代表了人格的四个基本方面。

我们每个人都具有上述所有四个基本方面，关键要看一个人的主要行为更倾向于哪个人格领域。该模型也可以让我们快速地进行人格分类。在我的培训课程中，差异心理学和人格心理学中潜在的人格类型及其相应的极端表现起着重要作用。在本书中，我想提供给读者一个便捷可用的工具包,以便读者能够正确评估对手并成功地与对手打交道。

通常积极主动、以人为本的人都具有自我暗示的性格,他们更喜欢以人为中心的互动方式。这些人可以被称为主导者、行动者。他们的行为方式具有明显的以结果为导向的特征。那些比较被动,但仍然注重他人感受的人,我们可以称他们为稳重的人,这些人比较善于观察。注重客观事实并且被动,这是性格认真的人的特点,有条理地思考是他们的本性。

一个人是注重客观事实的还是以人为本,可以很容易地通过他们的措辞看出来。主导者和认真的人,通常注重客观事实,通常谈论过程、系统、想法、任务和目标,不会经常提及人。例如,他们不会说"我们的同事"或"我们的负责人穆勒女士",而是使用"员工""工人"或"全职员工"等非人称的代词,或者更糟糕的还会使用缩写"VZK"①,在他们眼中人沦为某个流程中的某个物件或组成部分。

性格稳重、戏剧化性格和以自我为中心的人的行为举止与其他人有所区别。这些人谈论的是他人以及他人的感受,不仅如此,这些人还会称呼别人的名字并使用人称代词。当然,人称也会出现在他们的句子中,因为人在他们的决策中非常重要。因此,如果问某人,与其他人在工作上合作有什么感想时,通常都会给出回答,如果回答是"他工作安排很有效率",那么这个答案更可能出自性格注重客观事实的人之口。如果答案是"X 女士

---

① VZK,是德语"Vollzeitkraft"全职员工的缩写。——译者注

是一位非常有亲和力的同事，她在工作中非常投入和细心"，那么就更可能说明对方是在站在人的角度思考和行动。

还可以用什么来区分不同类型的谈判者？在谈判桌上，我们还需要准备什么？我们已经了解了性格认真的人。为了能够在谈判桌上建立起易于管理和使用的模型，让我们看一下四种更基本的人格类型：主导型、自我中心型、稳重型和戏剧型。

我们在什么情况下会遇到这些类型的人？是什么决定了他们的行动？这些人格类型各自的长处是什么？乍一看这似乎像是星座占星术，实际上却是成功分析谈判对手的有效依据。

我们都认识这种人，他们知道如何仅凭自己的存在就能让一个房间充满生气。所有的目光都集中在他们身上。他们看上去没有刻意"带节奏"，在外表上也不一定讨人喜欢，恰恰相反，成为大家的宠儿并不是他们的目标，但每个人都对他们心存敬畏。这种人就是典型的主导者。相应地，他们的行动也向结果看齐。主导者能够让一切为他们的目的服务，他们急于将谈判向前推进。主导者通常讲究效率，并且实事求是。如果对方不能迅速理解谈判中的利害关系，或者犹豫不决，他们就会开始不耐烦。

虽然主导型的人也会因其耐力被对手称赞，但他们也会因受不起批评而被人惧怕。对于主导者来说，世界是一个充满竞争的地方。他们天生就是王者，并希望别人也将他们视为王者。在别人还在犹豫和权衡的时候，他们会主动出击，开始处理和应对事物。他们既不回避责任，也不畏惧对抗，乐于与人竞争。他们注重等级制度，当然他们的位置在顶层。他们的着装风格也与自我认知相匹配，作为行家他们看重衣服或手表的品牌，但并无意炫耀。

我们不应该与这样的人竞争，但也不应畏手畏脚，而是应该以自信的态度面对他们。他们会利用任何表明弱点的迹象。几年前，我受邀参加一家银行高层的培训会议，14 名董事会成员在等待我的到来。那是一年中最热的一天，我穿着一套素净浅灰色夏季套装，觉得完全适合这个场合和温度。当我进入会议室时，我面对的是一整片西装革履，各种深浅不一的蓝色，更甚者服装上还带有细条纹。其中一位穿着深蓝色定制西装的董事会成员缓缓径直走到我面前，伸出他的手，并没有仔细打量我，清楚地说道："初次见面，我很高兴，我们已经听说了许多你的事迹，我看你已经启动了周五休闲模式！"那是一个周三，以我为笑料和笑柄，他们坐在一边笑个不停。

此时主导者已经宣示了他领域的主权，如果我当时为这种窘境所困，就会葬送我在谈判中的主动权，从而危及谈判咨询。很显然，这是一场权谋的游戏。但我不得不回应："我们马上就会谈及，如何在谈判中以相似性为基础建立良好关系，我也不想在一开始就将您玩弄于我的掌心！"我的回答让"老板中的老板"满意，并且划定好了界限。他会心一笑，我们成功地共事。

回想一下 2016 年美国总统大选，一开始是局外人，后来成为总统的特朗普就是典型的主导者。尽管他违背了政治艺术的所有规则：在发言时他无视所有的政治正确，而是依靠挑衅发表意见，不管是否与事实相悖，都极力主张自己的观点，并且毫无疑问，企图运用一切必要的手段实现自己的目标，并且最终取得了胜利。特朗普甚至从来没有透露出任何对于自己选举成功的疑虑。相反，他充满了自信。在他身上，人们从来没有看到过自我怀疑。他的肢体语言也表现出他主导者的一面：他的手指指点点，仿佛在进行战术指挥，还有他夸张的手臂动作，都被用来强调他的发言。

他的对手希拉里则完全不同，她会运用分析和思考来反驳特朗普的见解。当特朗普单纯地企图将自己的观点作为超越既定事实无可辩驳的真理时，希拉里却总是能在细节上让人眼前一亮。在辩论时可以明显看出，作为竞选人站在台上时，希拉里做足了功课，并且对自己有着充分认识，犹如专家一般。面对竞争对手的猛烈攻势，她总是能冷静地运用客观事实将其化解，有理有据，她的姿势幅度一般很小，而每当她做出大幅度的动作时，持续时间都很短并且显得不自然，或许是她的顾问推荐她这么做。这时她在顾问指示下扮演了另一个角色，但是这种假装效果并不太好。尽管她言之有据、能力出众，但是却让人感觉难以接近并且没有同理心。希拉里是典型的认真型人格。这种性格的人会三思而后行。他们会收集证据，加以评估并权衡。细致缜密对这类人来说是重中之重——上文提到的敲诈者也是这种类型。

对认真的人而言，使命感、可靠以及最大限度的专注是必要的，并且也期待其他人会同样行事。该类型的人受理智驱使，感觉、心情或是欲望都被牢牢地克制住。认真的人也期待和同样认真的人打交道，对他们而言这几乎是理所当然的。希拉里与默克尔的密切联系，便很好地证明了这一点。

在前文锚的设置部分提到过的工会主席，十分善于用"锚"

来拿下占主导地位的董事长，属于性格稳重的那种人。她从不劳烦别人，而是亲自回复每一封邮件。她将同事的命运视为自己的命运，并且确保了同事之间的信任和互相支持。坐在我对面的同样也是一位性格稳重的谈判领队，对方是有意这样安排的。坐在桌旁参与谈判的还有本次谈判的掌控者：相反，他是一位彻头彻尾的主导者，我的任务便是做这位男士的顾问。

我很了解他，他是那种务实主义者，哪怕在谈话中也不想浪费时间，他的言语中透露着对未来的展望，表明了他杀伐果断和行动至上的特点。我曾无数次听他说过："马上开始吧！""现在我们浪费不起任何时间！"或者"快点！马上！"他经常按捺不住性子，鄙视那些顺从型的人，应对这种人应该像应对所有的主导者一样，最好是以自信的态度迎接他，同时也不要抢他的风头。

他最大的弱点在于缺乏耐心，这一点也很快表现出来。然后他就会滔滔不绝，说个不停，开始用手敲桌子，或者什么都不做，来掩饰他的烦躁。为了与劳资委员会及其常设谈判员进行谈判，我已经帮他和他的谈判团队做了充足的准备。他的作用是掌控谈判的大方向，而不是进行具体谈判，至少我们是这样计划的。在首次会议开始之前，我已经和所有团队内的成员谈过了。我告诉他们注意某些事情，过后要向我汇报。而我自己也在这个过程中了解到，每个参与者自己最看重的是什么，以及他们的观察方式。这很重要，有助于我对他们事后的陈述进行归类总结。

谈判开始了，作为外部的顾问，我没有坐在谈判桌前，而是待在旁边的房间。在中场休息的时候我在那里遇到了一位与会者，并了解了谈判进行的状况。队伍中职位最低的成员打头阵。因为我想防止老板发号施令，然后其他成员也跟着这样做，并且让局面走向极端化。我们约好了，向我汇报时不对谈判内容有所保留。我必须知道会议室那扇厚实的门后面发生了什么。"我认为谈判进行得不是很顺利。"与会者对我说道。他描述了一开始团队中的每个人是如何坚守自己的角色的。谈判代表和工会董事当然也设法建立起良好关系，并且二者都是有着以人为本性格的稳重型的人。就这样，谈判在细节上取得了进展，也谈及了工厂员工日后如何安排。

作为谈判掌控者，此时除了仔细聆听之外，没有其他任务。然而在小组成员陈述完后，他开始用笔敲桌子，在椅子上来回活动，大声吸气呼气，以表现出他的不悦。最后，他再也无法克制自己，粗暴地打断了谈判者的话："说这种话不合适吧！"并从谈判的执行者手中夺过了谈判的缰绳。"我觉得自己傻乎乎地被人骂了。"叙述者后来描述当时的情景时说。老板重新安排了议程，主导了整个谈判会议。他用一句话将对方的顾虑怼了回去，采取了强硬的立场。我问的每个人也都证实了这个描述版本。

情况真的很棘手。老板破坏了之前辛辛苦苦建立起来的一切关系和信任。他已经脱离了他在谈判小组中的指定角色，并公开否定了他的谈判代表。我们不得不采取应急措施。现在老板本人就坐在我面前，我请他向我描述一下状况。"我听说你插手了谈判？"他证实道："根本没有任何进展，我们简直在原地蠕动。"他说，就在这时，他进行了干预。可以看出他丝毫没有任何内疚的感觉。我问道："那么，您取得了进展吗？"他沉默了一会儿说道："没有。"

意识到这点很重要。"如果我们没有取得任何进展的话会怎样？""我们承受不起这样的结果。时间紧迫，因此我才介入！""对方知道时间紧迫吗？""当然了！""现在怎样才能让谈判继续推进？"我问道。"我们现在又得重新努力建立关系了！"他明白了。我们为他准备了一份稿子，他必须将稿子的内容消化，不能照着稿子读，以便让他的陈词听上去更可信。

在下一场会议开始时，他直接对工委会主席说："我们公司内部的变动对我们在市场上的生存十分重要。许多人的命运取决于我们的裁夺，我对此也无法无动于衷。在上次会议上，我的情绪有些激动，做出了不当的举动，我真诚地向你们道歉。我也意识到了我的行为是不得体的。"然后他又成功设置了一个"锚"："我对你们的工作和你们对大楼里员工的承诺表示敬意。而且我相信，我们的目标是一致的：保留尽可能多的工作岗位，并尽快为所有受影响的人提供保障。我真诚地恳求诸位本着这种精神与我的同事继续进行谈判。"这样一来，总算避免了损失。

我们可以这样描述自我中心者：他们比主导者更有魅力，更善于交际，比认真者更热情，更有人情味儿。他们的出现似乎是一个大大的拥抱。他们在哪里，哪里就充满了快乐的空气。因为自我中心者具有感染力和娱乐性，周遭的人也不得不成为观众。他们能与他人进行精彩的互动，周围的人也会欣然接受这个角色。如果说大型场面或竞技场是主导者的地盘，办公桌属于认真的人，那么作为一个象征性的地点，红毯就属于自我中心者。他们寻求闪光灯，闪光灯给予了他们想要的肯定。因为尽管他们知道自己的长处，尽管他们有着雄心壮志，但自我中心者的自信心是有波动的。他们渴求被置于闪光灯下，这对他们而言是一种激励，能够让他们奋发向上。自我中心者是有野心的。他们为自己的晋升而奋斗，有着远见。权力和成功对他们而言如同完美的爱情一样重要。

这种类型的完美代表是尼古拉·萨科齐（Nicolas Sarkozy）。这位法国"全能型总统"——一位政治对手曾这样称呼他——古灵精怪，富有魅力，喜欢自我宣传，不仅为严肃媒体提供了素材，也为花边小报的记者提供了新闻。无论是他华丽的就职典礼（艺术和表演界也受邀参加），还是与他未来的妻子、模特卡拉·布吕尼（Carla Bruni）在海滩度假时的合影，萨科齐都与媒体玩得不亦乐乎，并大方给媒体爆料的机会。他的媒体形象如此之好，以至于一位社会学家甚至呼吁设定一个没有萨科齐的日子。借助于夸张、大幅度的手势，萨科齐这个短小精悍的人物在亮相的时候似乎能充斥整个房间，他一登场就好像给了别人一个大大的拥抱。尽管他看上去似乎平易近人，但他的这种互动只停留在表面。当他转向他人时，这种转身实际上是作为他个人光芒的放大器。因此，默克尔总理对萨科齐又爱又恨也就不足为奇了，因为尽管萨科齐在政治上与她走得更近，默克尔却与比萨科齐更清醒的继任者奥朗德相处得更好。因为以自我为中心的人，通常不会对他人的需求给予真正的同情。

另一个例子是赫尔曼·布尔贝克（Hermann Bühlbecker）。一般人不知道他的名字，但他在每本杂志上的照片几乎都会冲着你微笑，他总是由国际知名人士陪伴左右。他拥有一头飘逸的白发，华丽的西装，显赫的交际圈，以及一家脚踏实地的产品公司：亚琛兰贝兹食品有限公司[①]。但是，他把这些和他自己暴露在聚光灯下，与慈善相结合，如让名模穿着糖果制成的裙子走秀。与主导者不同，自我中心者需要被人深深地爱戴和钦佩。虽然树敌众多，但荣誉也随之到来，成就主导者的东西会使自我中心者陷入抑郁。他们需要良好的人际关系，渴望得到赞美和认可。被社会排斥是他们内心深处的恐惧，REWE[②]的老板卡帕罗斯（Caparros）自己讲述了他事业的动力来源：他的父母在阿尔及利亚战争后一无所有，不得不返回法国，但却被周遭环境排斥。自我中心者在受到关注时就会开花结果，然后破壳而出，威震四方。在消极的情况下，他们会表现出自恋的特征，并会承诺无法兑现的事。

与自我中心者截然相反的是性格稳重的人。假如会议期间咖啡喝完了，性格稳重的人马上就会准备新的咖啡。他们会做好备份，在可能的情况下提供帮助，但总是以谨慎的旁观者的身份行事。性格稳重的人会提供帮助，不喜欢冲突，除非他们想要实现与他们价值观一致的目标：比如工委会主席，肩负着全体员工的依赖，为每个员工的工作而奋斗。

忠诚的性格和对和谐的渴望使得性格稳重的人成为杰出的团

[①] 亚琛兰贝兹食品有限公司（Lambertz Group）是德国领先的烘焙食品制造商之一，全称 Aachener Printen- und Schokoladenfabrik Henry Lambertz GmbH & Co.。——译者注

[②] 德国连锁超市品牌名称。——译者注

队合作者。他们手势低调，贴近身体，但最主要的是他们总是面向他人：他们经常点头，使姿势与正在交谈的人保持一致。但在谈判中只有谈判者意识到风险时，才会起用性格稳重的人进行谈判。他们不喜欢伤了和气，这也使他们容易被人操纵，容易受到伤害。如果事先没有听取各方建议并确保万无一失，他们绝不会擅自做出决定。然而，哪怕是在谈判桌上，为了不伤和气，他们也会很快做出让步。他们厌恶冲突，更愿意避免冲突。这在一方面是风险，而另一方面也是优势。性格稳重的人通常还具备明显的同理心，即能够并有意愿了解谈判对手的感受、想法、情感、动机和个性特征。如果稳重的人意识到他们的风险并利用他们的优势，可以成为优秀的谈判者。因此，主导者会为了凸显自己而制造冲突，认真的人会为了正确的解决方案而争论不休，自我中心者则寻求认可，而当冲突刚刚出现时，性格稳重的人已经开始感到不自在了。

最后一类，拥有戏剧化性格的人无法被忽视和略过。这些人具有强烈的体验和感受的能力，而且他们在让别人参与分享这种体验和感受时也毫不避讳，这也使得他们会很快成为所有活动的焦点。然而，与支配者不同的是，他们不会引发恐惧，而是引发人们的好感或愤怒。他们不会冷落任何人。"我认识了许多好人，甚至是跨议会党派的人。"前基民盟议员沃尔夫冈·博斯巴赫（Wolfgang Bosbach）在德国联邦议院的最后一次演讲中这样说道。接着，他又说："我会想念他们中的许多人，甚至还包括克劳迪娅·罗斯（Claudia Roth）！"联盟的人和联邦议院的绿党副主席几乎从未就某个话题达成一致，但哪怕是博斯巴赫也无法对她闭口不谈。罗斯就是一个典型的戏剧化性格的例子。她不为细节所累，但观点鲜明，说话心直口快、绘声绘色。她不会因自己情绪化而感到尴尬，在其他人遏制眼泪的时候，罗斯则在公开场合毫不吝啬她的眼泪。在其他人还在尝试虚张声势的时候，她则放任她的情感，毫不克制。有时放声大笑，有时则泣不成声。即便她默不作声，人们也知道她心里在想什么，甚至连外行都觉得她的面部表情和手势仿佛一本打开的书。如果说默克尔的不动声色如同极简主义的建筑形式一样简单，那么克劳迪娅·罗斯则让人联想到默片明星的夸张演技。

在谈及罗斯女士时，我遇到的绝大多数人都和我说："她非常烦人，让人心累，完全不客观。"而几乎所有人，又都会在停顿片刻后说："但我有点喜欢她！"戏剧化性格的人在我们心中有他们重要的一席之地，这些注重外表但几乎不关心权力的美丽鸟儿，想要凸显自己但不需要炫耀。他们注重自己的信念，关注他们认为正确的事情。戏剧化性格的人凭借他们随性的工作方式来弥补他们在结构化工作意识上的薄弱，并且赢得和激励人心。他们充满魅力，令人着迷，因此他们往往是做销售的不二人选。

在戏剧化性格的人的身后，你通常会发现那些性格正好相反的人，他们会考虑整个组织，并将想法付诸实践，但不适合成为新想法和新方式的破冰者，二者是一种共生的关系。如果你在谈判桌前与一个戏剧化性格的人打交道，要有耐心，他们通常忽视细节，谈话内容则以故事和轶事为主，情绪爆发会成为谈话语气的一部分。如果与戏剧化性格的人发生摩擦，不要介意，当然对方也不会介意。但要回应对方，不仅要表现出对他个人的欣赏，也要对他的性格特点表示赞赏。摩擦不仅无伤大雅，有时还会有所帮助。

然而，不仅有可爱型的"戏精"。有时这种性格还可能会有另一种性格趋向，这种人格的人有时也会以强烈的操纵性的方式行事。

你是否想知道自己属于哪种人格类型，并且觉得不同的性格特点自己身上好像都有？这也难怪，毕竟，尽管形式有所不同，但所有性格类型都是我们内在的。通过微妙的自我观察，我们可以断定在特定情况下，人格的哪些特征可以帮助我们开拓局面，并采取相应的对策。当然，我们也可以认识到谈判对手对应的是哪种性格类型，并做出相应调整。

那么怎样才能以最佳的方式应对不同类型的谈判对手呢？

实用贴士：

> **与主导者谈判**
> - 接受对手的态度。不要同他比个高下，也不要装腔作势。
> - 保留自己的尊严和优势，主导者不会理解弱者和唯唯诺诺的人。
> - 将自己表现为举足轻重、自信，但不喜好竞争的人。
> - 努力推进对自己有利的谈判，反之则可以怠慢。但要避免让主导者丢了面子。
> - 避免激怒主导者，并让主导者做最终陈述。

- 在使用针锋相对的规则时要前后连贯。
- 探讨事实,而不是情绪。
- 原谅对手强势的攻击和言语上的失礼。
- 接受对方会发脾气这一事实,但要避免引爆其愤怒点。
- 通过征求意见的方式将对手拉向我们的阵营:"如果你处在我的立场的话,会怎么做?"(对手会回答该问题)

与认真者谈判

- 认真负责的人喜欢适度外向和与他一样认真负责的人。
- 他们经常与那些以自我为中心、好斗和心有戒备的人发生矛盾。
- 一定要做好充分的准备,或派一个认真型人格的人去谈判。
- 对细节和微小的环节要仔细准备。对于数字、日期和事实等这些也要好好准备。
- 可以夸赞他对细节和专业知识的了解。
- 避免过多的赞美。他会觉得被冒犯或被操纵。
- 认真的人寻求长远和公平的解决方案。可以在情感上给予充分的肯定,但不要期待对方会有所回应。
- 建立联系阶段通常很短暂。
- 只有在他开始谈及个人事务时,我们才可以谈及个人事务。

与自我中心者谈判

- 派一个不需要太多认可的人去。
- 不要派具有攻击性或强烈戒备心的人去。
- 不要小瞧他。自我中心者对轻视的反应非常激烈。
- 不要站在他前面,但也不要站得太靠后。
- 给他发挥的舞台,给予他表扬和认可。这对于认真的人来说可能太过,但对自我中心者可以大肆使用。
- 赞扬他本人和他的表现、方法和品位。自我中心者需要被人赞赏的感觉。
- 在不失面子的情况下给他一个台阶下。面子是自我中心者的核心需求。
- 试着想象一下他将如何向他的同事展示谈判的结果。

与戏剧化性格的人谈判

- 确保建立了牢固的关系。
- 准备好接受大量的趣闻轶事。
- 赞扬,欣赏,并给予赞美,对私人话题做出回应。
- 利用议程来引导谈判,控制进程。
- 不要期待对方会注重细节。
- 如果对方忘记了约定日期或其他承诺没有兑现,请尽量容忍。
- 使用情感标签:"我有……的感觉","好像是……"。

- 在给出理由时，一定要从个人角度出发，这在他的决策世界中起到了很大的作用。
- 戏剧化性格的人的情绪爆发通常很快就会结束。
- 不要重复最终陈述；对方通常不是那个意思。
- 戏剧化性格的人并不会耿耿于怀，我们也要保持大度。

面部表情、手势、语言模式——所有这些都有助于我们认清站在我们面前的人。谈判对手的性格特点不仅体现在外表上，矜持也好、奔放也罢；而且还体现在他们的说话方式上。一旦确定了对手的性格特征，我们就可以根据对手的个性来调整自己的表达方式。这也会下意识地建立起强烈的信赖。

在我受过的培训中，我学会了了解并使用这一点来进行电话谈判。令人着迷的是，凭这一点总是可以很快与对方建立起积极的关系。其实我们自己也知晓语言模式的效用，当我们在阅读某篇文章或某本书时，可能已经注意到，某篇文章很好读或者读起来欠佳，某种写作方式读起来"更流畅"并"更令人愉快"，而另一种方式则让人感觉"枯燥"或"疲惫"。这主要取决于作者是否在用我们自己的语言模式写作。因此，聪明和专业的谈判者关注的是谈判对手的表达方式，而不仅仅是对手所表达的内容。

在该过程中，主导者、自我中心者和戏剧化性格的人的表达模式很可能会重合。因为这三者的说话方式都具有积极主动的特点。

主导型和自我中心型的语言模式
（也包含部分戏剧型的语言模式）
关键词：挑衅

具有象征性的表达：快做、快开始、解决、等不及、别犹豫。

- "现在正是……的好时候"
- "越早着手处理，也就越……"
- "我们马上开始吧……"
- "还在等什么呢？"
- "你可以随时……"

此外，我们也可以通过句式结构来识别具有挑衅性的谈判对手：

- 他们的句子大多短而简要。
- 他们说话时仿佛掌控着整个局面。
- 说话直截了当。
- 极端情况下他们会像轧路机一样轧过一切。

戏剧化性格的人也同样具有挑衅性。但从语言模式上看，他们与主导者的主要不同在于他们的讲话方式更散漫。

挑衅型的肢体语言：

- 表现得不耐烦。
- 用笔敲桌子。
- 说话迅速。
- 肢体动作过多。
- 很难长时间安静地坐在椅子上。

认真型和稳重型的语言模式
关键词：被动

代表性特征：理解、思考、等待、分析、考虑

- "可能；或许；应该"
- "在我们分析之后……"
- "让我们一同考虑一下……"
- "这也会让您清楚，为何……"
- "如果您考虑过的话……"

被动型谈判对手的句式：

- 句子较长，从句较多。
- 他们说话时仿佛被什么东西控制着，生怕碰坏什么。他们相信运气和命运。
- 通常会使用"考虑""分析""理解""等待"或"原则问题"等字眼。

被动型的肢体语言：

- 可以毫不费力地长时间坐得住。
- 通常表现得有所顾虑。

主导型和认真型，稳重型和自我中心型在语言模式上都有着相同之处。尽管如此，当涉及对待人和对待客观事实的态度时，还是有所区别。

认真型和主导型的语言模式
关键词：注重客观事实

- 该类型的人会探讨过程、系统、工具、想法、任务和目标。
- 他们很少提及个人，并且大多会使用不确定的人称代词，如"他们"或"人们"。

自我中心型、戏剧型和稳重型人格的语言模式
关键词：注重个人

- 该类型的人会讨论情感、想法以及与人打交道时的经历。
- 他们会用名字称呼他人。

后记
固守己见还是灵活应对？你说了算！

谈判世界的旅程现在就要结束了。然而，从现在开始事情才开始变得真正有趣。因为谈判源于行动，现在到了实践的时候了。谈判也会改变人的行为方式，你将认识到自己在战术上已经做得足够好的地方，也会学到以前从未尝试或听说过的战术。

现在，是时候让这些策略成为你仔细整理过的谈判工具箱的一部分，在必要时可以作为你谈判的额外工具。这些工具将使你成为一名日渐灵活的谈判者，一名在任何情况下都因为能运用正确的技巧，从而掌控局面的谈判者。

拥有充分的行动策略极其重要，因为谁能最灵活地行动，谁就能控制谈判。有得选总比没得选要好得多，多种战术比单一战术要好得多。不灵活会使人瘫痪，使人丧失行动能力。灵活性是成功的关键，并且它可以防止人们被自己的思想挟持。因为某些想法和顾虑会阻止人们尝试新事物，会限制人们对谈判技巧的运用。

在运用情感标签时你可能会担心，因为对你而言，还从未打过感情牌；你可能不愿意使用"怎样/如何"来提问，因为你害怕被视作"软弱"。你也可能会回避走盲道，或回避"三一测试"中的三是，或者在抛出"锚"时会感到胃痛。不要让自己在开始之前就放弃，不要让你对新事物的恐惧支配你。

中国哲学家孔子曾经说过:"靡不有初,鲜克有终。"如果你想成为一名更好的谈判者,可以每周挑选一种战术进行尝试,在第一周采用战术一,在第二周采用战术一和战术二,在第三周采用战术一、二和三,以此类推。拿出 F.I.R.E. 控制理念的图解,并抄写下来,把它放在口袋里,它会在关键时刻发挥作用。

书中列出的新知识会逐步成为你谈判技巧的一部分。然后你会达到下意识运用这些技巧的水平,也就是说,到时候你会在谈判中不自觉地运用所学到的知识,这就达到了内化的水平。然而,在运用战术时,你可能仍然需要特意思考一下怎么使用。这就好比你在刚学习开车时,也有类似的情况:当我们踩下离合器并将变速杆放在想要的档位上时,还必须专门瞭望一眼并全神贯注。然而当你已经能够熟练掌握开车技术时,这个过程就变得自然而然。而达到这个目的的方法就是不断地练习,使技术的应用达到无意识的精通水平。

只要你购买了本书,也就意味着你已经意识到自己在谈判中有无能为力的时候;意识到在谈判中仍有很多东西需要学习。现在你的能力已经达到了自觉的水平,也因此比那些不了解谈判的领域是如此之宽、如此之广的人要领先很多,也比那些没有意识到自己在谈判上无能为力的人更进一步。现在就开始行动,进一步提高自己的谈判能力。实际谈判和相关的学科还在不断发展,科学在这个领域的探索也越来越多,那些利用这些知识的人最终也会在生活中获得更大的成功,因为生活就是谈判。

托尔斯滕·霍夫曼
2017 年 11 月

读书笔记

读书笔记